学历格差的经济学

学歷格差の経済学

XUELI GECHA DE JINGJIXUE

[日] 橘木俊诏

[日] 松浦司 / 著

江春华　韩　冰 / 译

宋协毅 / 主审

浙江工商大学 出版社 | 杭州
ZHEJIANG GONGSHANG UNIVERSITY PRESS

图字：11—2023—174

图书在版编目(CIP)数据

学历格差的经济学 / (日)橘木俊诏,(日)松浦司
著;江春华,韩冰译. —杭州:浙江工商大学出版社,
2023.9

ISBN 978-7-5178-5754-9

Ⅰ.①学… Ⅱ.①橘… ②松… ③江… ④韩… Ⅲ.
①教育—影响—经济发展—研究 Ⅳ.①F061.3

中国国家版本馆 CIP 数据核字(2023)第 190805 号

GAKUREKI KAKUSA NO KEIZAIGAKU
by TACHIBANAKI Toshiaki, MATSUURA Tsukasa
Copyright © 2009 TACHIBANAKI Toshiaki, MATSUURA Tsukasa
All rights reserved.
Originally published in Japan by Keiso Shobo Publishing Co., Ltd., Tokyo.
Chinese (in simplified character only) translation rights arranged
with Keiso Shobo Publishing Co., Ltd., Japan
through THE SAKAI AGENCY and BARDON CHINESE CREATIVE AGENCY LIMITED.

学历格差的经济学
XUELI GECHA DE JINGJIXUE

[日]橘木俊诏　　[日]松浦司 著　江春华　韩　冰 译　宋协毅 主审

策划编辑	姚　媛
责任编辑	董文娟
责任校对	鲁燕青
封面设计	望宸文化
责任印制	包建辉
出版发行	浙江工商大学出版社
	(杭州市教工路198号　邮政编码310012)
	(E-mail:zjgsupress@163.com)
	(网址:http://www.zjgsupress.com)
	电话:0571-88904980,88831806(传真)
排　　版	杭州朝曦图文设计有限公司
印　　刷	杭州高腾印务有限公司
开　　本	710mm×1000mm　1/16
印　　张	12.5
字　　数	200千
版 印 次	2023年9月第1版　2023年9月第1次印刷
书　　号	ISBN 978-7-5178-5754-9
定　　价	48.00元

前 言

　　教育问题一直是社会关注的焦点。学生学力低下,以及校园霸凌、逃学等现象,已成为人们热议的话题。日本政府也开始正视这一问题,设立了"教育再生会议",把教育改革列为重要课题之一。文部科学省(Ministry of Education, Culture, Sports, Science and Technology,简称MEXT)教育制度改革的审议机关"中央教育审议会"也在探索新的制度,以期从多方面对此加以研究论证。

　　对于教育问题,了解政府高层的改革探讨固然重要,但我们也有必要了解包括教师、学生及学生父母在内的日常教学一线的实际情况。尤其需要了解将学生送进学校的父母对教育的理解,以及他们希望自己的孩子接受什么样的教育等。因此,本书将重点关注这些问题。

　　是把孩子送进公立学校还是私立学校学习,在很大程度上取决于父母的意愿。特别是在小学入学阶段,孩子还不具备足够的知识和充分的判断能力,这时的选择主要由父母的意愿来决定。并且,这时孩子才五六岁,父母还不清楚孩子的学力,因此父母也不知道该将孩子送进怎样的学校。而到了初中、高中入学阶段,孩子的学力已经显现出来,这时的选择很大程度上取决于孩子和父母双方的意愿。

　　上私立学校需要高昂的教育费用。父母是否具有足够的经济能力不仅会影响到是否选择让孩子上私立中小学,还会影响到是否让孩子上私立大学。要想考入东京大学、京都大学、早稻田大学、庆应义塾大学等名校,就需要孩子进行充分的备考。由于参加校外补习班和聘请家庭教师等需要花费大量金钱,因此具有较强经济能力或处于较高社会阶层的父母的孩子在考取名校方面可能更具优势。

　　基于以上观点,本书拟分析日本父母的社会阶层对孩子受教育程度的影响及孩子所接受的教育对其今后的收入发挥的作用。同时,本书还将关注父母让孩子进入学费高昂的私立中小学乃至私立大学的选择机制。

越来越多的人认为日本已进入格差社会①。日本社会在贫富差距不断扩大的同时,阶层固化程度也在不断加深。本书将重点关注格差社会的发展趋势,并从多重视角探讨教育在改变此类社会现象中可能发挥的巨大作用。

提起私立大学,很多人首先会想到地位显赫的"私立双雄"——早稻田大学和庆应义塾大学。"二战"前,早庆两校落后于帝国大学(7所),但现今,早庆两校已成为实力雄厚的名校,其毕业生在政治、经济等领域的评价也已超过东京大学。为什么早庆两校的地位会提升至如此高度?本书将从各个角度对作为私立大学代表的这2所大学进行探讨。

大学入学时,选择什么专业,于孩子而言是人生的重大决策。孩子的能力和兴趣、对数学的好感度和数学学习能力,以及所学专业等因素,都会对其今后的职业选择及收入情况产生很大影响。孩子最终是选择理科还是文科,很大程度上取决于其自身的能力和毕业后希望从事的工作,本书对此进行了分析。同时,对于就职于企业、政府部门的理科生和文科生的工作待遇情况,本书不仅做了相当细致的分析,而且提出了一些政策性建议,这些可为大家将来的职业选择提供一些参考。

在义务教育阶段,教育经费几乎全额由财政部门负担。即使是在高中教育阶段,财政部门也投入了相当多的资金。这些财政资金主要来自税收。如果某人在地方圈接受教育而考入大都市圈的大学,毕业后没有回到地方圈而是留在大都市圈,那么这种情况可以理解为:地方居民缴纳的税金负担了他小学、初中、高中的教育费,而这是一种无回报的教育投资,因为他没有回到地方圈发挥自己的才能,从事经济活动。因此,义务教育阶段和高中教育阶段的财政资金应由地方承担还是国家承担,与孩子未来的就业选择有很深的关系,本书对此也进行了深入的分析。

人们通过受教育获得了怎样的收益(如教育对于职业和收入发挥了怎样的

---

① 格差社会指的是社会上的民众之间形成严密的阶层之分,不同阶层之间经济、教育、社会地位差距甚大,且阶层区域固定不流动,极难改变自己的社会地位的一种现象。"格差社会"一词入选2006年日本的"新语·流行语大奖"前10名,由日本知名社会学者东京学艺大学教授山田昌弘提出。——译者注

作用)？关于这个问题,教育学、社会学和经济学领域的专家学者都进行过相当多的分析,答案已经非常明晰。但是,接受教育的人自身对此是如何评价的呢？关于这个问题,鲜有人关注。因此,本书还重点关注了这个问题,特别是在名牌大学毕业生对自己所接受的教育的评价方面,本书提供了诸多有趣的事实。

自古希腊、古罗马时代开始,教育相关的话题就被作为一种哲学,其围绕着人为什么要接受教育等问题展开,被人们研讨至今。本书简单梳理了从古至今研究教育哲学的伟人的思想脉络,并重新阐释了当今教育的意义。实际上,已有人从经济学角度分析了教育的作用和意义。本书的出版可为教育哲学的主张与经济学的主张的有机融合提供一种新思路。

最后,笔者以本书的分析结果为基础,结合个人见解提出一些改革日本教育的具体措施。教育可以说是百年大计,它对社会、经济的影响非常大,更重要的是,它极有可能左右一个人的人生。笔者撰写此书,期待日本教育的发展不断向好。

目　录

第1章　阶层、学历与收入

——通过3个周期面板数据的验证

第1节　以教育为媒介的格差①的代际转移

最近,越来越多的人开始关注收入格差问题(橘木,2006)。即使那些不重视收入格差问题的人,一般也会对格差扩大的代代延续、阶层固化现象持否定态度。因此,本章将聚焦教育在阶层的代际转移中发挥的作用展开论述。在社会学和教育学领域,关于阶层的代际转移与教育的关系问题的研讨层出不穷,具有代表性的有苅谷(2001)、佐藤(2000)、橘木(2004)等。不过,这些领域的研究以分析父母的阶层与子女的学力②、教育及职业之间的关系为主。关于格差在代际间转移的路径,不仅缺乏详细的考察,而且存在尚未解决的课题。

这个尚未解决的课题是:以教育为媒介的社会阶层在发生代际转移时,父母的社会阶层是通过子女的教育间接影响子女的收入,还是直接影响子女的收入,抑或是2种情况都有呢? 关于这一点,以往研究并不充分。因此,本章假设出如图1-1所示的关系,以下进行实证检验(荒牧,2006)。

图1-1　父母的社会阶层、子女的学历、子女的收入之间的因果关系③

---

① "格差"一词在汉语词典中并不存在,一般翻译为"差距""差异""差别"等,但这并不能完全诠释日语「格差」一词。在日语语境中,"格差"一词包含等级之差、阶层之差之意,并且"格差社会"也成了反映日本社会现象的学术用语。为了能让读者更好地理解"格差"一词的原意,本书将日语「格差」一词直译为"格差"。——译者注

② 关于"学力"一词,『広辞苑』中的解释为"①学问的造诣;②学习能力",《现代汉语词典(第七版)》中的解释为"在学问上达到的程度"。实际上,在汉语语境中,"学力"一词并不多用。在本书的审核过程中,也有意见认为将其译为"学习能力"更易让读者接受。但是,鉴于本书中的"学力"一词多指"在学问上达到的程度",故将日语「学歴」一词直译为"学力"。——译者注

③ 应版权方要求,全书图表须与原版书完全一致。为便于读者理解,本书将图表中的关键内容译成中文(部分重复内容省略),详见各图表所在页脚注。图1-1中的日语「子どもの学歴」「親の社会階層」「子どもの収入」的中译文分别为"子女的学历""父母的社会阶层""子女的收入"。

关于影响个人收入的因素,我们在综合考虑后提出2个假设,旨在探讨以教育为媒介的社会阶层代际转移问题。第1个假设是:父母的社会阶层会影响子女的学历,子女的学历又会影响其将来的收入,除了这种间接影响,父母的社会阶层也会直接影响子女的收入。第2个假设是:子女的收入不但会受学历的影响,而且在其人生早期阶段,自身能力会影响学历,进而又会影响其今后的收入。

第1个假设的具体含义如下:父母的社会阶层会影响子女的学历(见图1-1①),子女的学历又会影响其自身的收入(见图1-1②),与此同时,子女的收入也会直接受到父母的社会阶层的影响(见图1-1③)。例如,处于较高社会阶层的父母会对子女进行较多的教育投资,有助于子女获得高学历。同时,子女也有可能通过父母的关系进入知名企业工作,获得较高收入。在这种情况下,我们可以认为,与其说子女收入高的原因在于学历,倒不如说其得益于父母的社会阶层。

第2个假设的具体含义如下:很多人都承认,人的先天禀赋是有差异的。[1]这里所说的禀赋,指的是人们年少时所表现出的学力及学业成绩。同样的学历,收入却不同,其原因主要在于不同人在人生早期阶段的能力[2]存在差异。尽管如此,以往研究中并未涉及控制能力这一变量。在劳动经济学和教育经济学领域,很多以往研究对等学历因素对收入的影响程度进行了分析,但有一个问题尚待解决,那就是如果某个人原本能力就很强,无论上大学与否都能获得高收入,那么单纯地根据学历因素对收入进行回归分析是无法辨识学历对收入的影响效应的。为了辨识学历因素对收入的影响程度,国外也有很多学者使用工具变量法对其进行过分析研究,并取得了一定的成果。在本章中,为了解决这个问题,我们将子女小学阶段对数学的好感度[3]作为能力的替代变量。假设对数学的好感度会影响学

[1] 关于先天禀赋,国外曾展开过关于智商和遗传的论争,该论争被称为"钟形曲线"论争(Herrentstein and Murray,1994;Heckman,1995)。

[2] 不过,人生早期阶段的能力和先天禀赋是否完全一致是有争议的。例如,在人生早期阶段,人们还可能受家庭环境和教育方针等的影响。需要注意的是,本章验证了人生早期阶段的能力是否具有持续性影响。

[3] 本书将子女小学阶段对数学的好感度作为能力的替代变量,理由如下:第一,浦坂等(2002)分析了数学与收入的关系,并与以往研究进行了比较。第二,OECD的《国际学生学习能力调查(PISA)》和国际教育成就评价协会(IEA)的《国际数学与科学学习趋势调查(TIMSS)》指出,日本数理科的学力低下,这在研究学力低下对收入的影响方面是很有价值的。第三,本书使用的问卷调查表中,只包含了一般学力和对数学的好感度,而一般学力是个较为抽象的概念。

历,也会直接影响收入,我们可建立这样一个模型进行实证分析。

确实,仅将小学阶段对数学的好感度作为能力指标来进行研究是不充分的。于是,我们拟用面板数据控制不可测量的个人特有因素,再利用处理效应模型进行估算。

第2节 文献综述

关于假设1,诸如分析父母阶层和子女阶层的关系这样的有关社会阶层变动的研究,在社会学和教育社会学领域较为普遍,具有代表性的例子就是基于《社会分层和社会流动的全国调查》(以下称为SSM调查)的研究。该调查自1955年以来,每10年进行一次,旨在分析社会阶层和社会变动的关系。基于1995年的调查研究成果,『1995年SSM調査シリーズ』『日本の階層システム』等图书出版发行。并且,吉川(2006)使用通径分析等方法分析了学历和职业阶层的关系。此外,盛山・原・白波瀬(2008)是社会学领域的关于格差和不平等理论的论文集。

岩本(1998)认为,教育社会学的许多以往研究否定了"升学率的上升可以缩小教育机会的不平等程度"这一命题。其认为,不平等程度无法缩小的原因在于2个方面,即家庭的经济因素和文化因素。其中,经济因素是指即使子女有能力上大学,也会存在因家庭经济状况不好而放弃升学的情况。

从经济学角度来说,这是存在借贷制约的情况。所谓借贷制约,是指即使父母很贫穷,也应该可以从银行等处贷款用于子女的教育,但现实中这种借贷不一定能实现。但是,如果信用市场健全的话,家庭的经济状况不会成为大问题。在经济高速增长期,教育相关的信用市场还不够健全,有相当比例的家庭无法负担子女上大学的费用,但随着个人收入的不断增加和教育贷款等信用市场的日益健全,可以预想的是,子女因家庭经济状况不好而放弃升学的情况将会减少。

尽管如此,有实证研究报告指出,即使是在现今,大学的升学也仍然取决于社会阶层。支持这一论点的论据是,即使信用市场健全,如果父母很贫穷,那么他们也很有可能不愿意为了筹措子女的教育经费而向银行贷款。究其原因,有些父母希望子女尽早找到工作挣钱,而意识不到对子女进行教育投资的价值。

而且,Carneiro and Heckman(2002)认为,父母属性与子女大学升学率的关系可以分为借贷制约这一短期因素和长期性家庭因素这2种,而实证研究结果显示后者的影响更大。另外,Heckman and Krueger(2004)论述了人力资本积累与收入格差的关系。赫克曼(Heckman)否定了借贷制约的存在,而克鲁格(Krueger)则认为,由于借贷制约产生了无法接受教育的人群,这是造成收入格差的重要因素。

在经济学领域,樋口(1992)研究了日本教育与社会阶层变动的关系。樋口结合《第26次大学生消费生活实态调查》的数据,验证了父母的年收入能否很好地解释其子女的偏差值[①]这一问题。结果显示,子女的偏差值与其父母的年收入具有显著的相关性。另外,樋口还对由学历因素产生的收入格差进行了实证研究。结果显示,在大企业就职的人和未能在大企业就职的人之间的学历格差正在扩大。并且,其研究还证实,毕业大学的偏差值与预期生涯收入(终身所能获得的收入)之间呈正相关关系。此外,樋口(1992)还研究了高中毕业生和大学毕业生的就业状况和生涯收入的差异,以及不同大学毕业生的就业状况和生涯收入的差异。樋口从产业类别和企业规模来推算生涯收入,并分析了其与学历的关系。另外,Tachibanaki(1988)利用1985年SSM调查的数据,将教育、阶层、收入等与职业、父母的受教育经历、工作年数建立联立方程式模型,并进行了估算[②]。

关于假设2的以往研究,有以下几例。Angrist and Krueger(1991)在分析教育对工资的效应时,考虑了能力等不可测量的个人因素。为了解决因不可测量的个人因素而无法判明教育对工资的效应这个问题,其使用工具变量法进行了分析。另外,Card(1999)对分析学历对工资的效应问题的以往研究进行了全面综述。Currie and Duncan(1995)使用一对双胞胎的样本,分析了美国"启智计划"[③]对儿童认知能力、学习成绩和健康的影响。使用双胞胎样本的理由是,双

---

① 偏差值是指相对平均值的偏差数值,是日本人关于学生智能、学力的一项计算公式值。一般来说,其是个人的学历指数。还有一种理解,那就是大学的偏差值。大学的偏差值越高,则表示该大学的综合实力越强,报考难度越大。——译者注

② 小盐·妹尾(2005)对教育经济学相关领域进行了广泛的调查,指出教育经济学相关的实证研究较少。

③ "启智计划"是在"向贫困宣战"的口号下实施的旨在改善贫困阶层儿童的学力、社会技能和健康状况的计划,始于1964年。

胞胎的先天禀赋几乎没有差异,这样可以控制个人特有因素的影响。本章主要分析家庭环境和年收入的关系,Currie and Duncan(1995)虽与本章的主要研究对象不同,但它分析了以父母和孩子为主形成的家庭环境对孩子的认知能力和健康的效应,同时考虑到了个人特有因素的效应。Sacerdote(2002)为区分孩子的先天禀赋和家庭环境产生的不同效果,分析了被领养孩子的学历和收入。结果显示,在高阶层、高收入家庭中长大的孩子大多有高学历,并且其在青壮年时期结婚的概率较低。Ashenfelter and Rouse(1998)利用双胞胎的数据,对教育投资的效果进行了估算。结果显示,从教育收益率方面来说,能力欠缺的人的收益率更大。此实证分析表明,有能力的人取得高学历是因为取得学历的边际成本低,而不是因为取得学历后获得的边际收益高。

在日本进行的实证研究可列举如下:浦坂等(2002)的研究证实,虽然考上了同一所大学,但在大学入学考试时,报考数学学科考试的学生和未报考数学学科考试的学生相比,前者的学业成绩更好,毕业后的收入也更高。由以上结果可知,越来越多的人认为在大学入学考试时报考数学学科可培养自己的“数字处理能力和数据分析能力”“计算机相关能力”,这些能力在今后的工作方面可发挥很大作用。

松繁(2002)分析了英语能力和经济地位的关系。松繁(2003)的研究与本章的问题意识相近,其分析了父母的职业与子女小学阶段的成绩、子女的学历、子女的职业之间的关系。结果显示:父母的职业与子女小学阶段的成绩之间,对于男性来说,是高度相关的;子女小学阶段的成绩与子女的学历之间,对男性、女性来说都是高度相关的;高学历与排名较高的职业之间,对于男性来说,存在相关性。

野崎(2006)将初中三年级时的成绩作为潜在能力的替代变量,对明瑟收入函数[①]进行了测算。Paglin and Rufolo(1990)用数学能力来解释男女的工资差距,并指出:“在男女的工资差距中,有一部分可以用男女之间的数学能力差距来解释。”

[①] 明瑟收入函数是关于工资收入与受教育年限和工作年限等变量的关系的数理经济模型,是估算工资函数的最常用方法,具有很强的说服力。在明瑟收入函数中,通常将收入和工资的对数值作为被解释变量。不过,本章中没有使用对数值。其原因有二:第一,即使在将教育年限视为外生变量进行估算的基本模型中,教育年限也不具有显著性;第二,即使使用对数值,本章的假设 1 和假设 2 也是成立的。

第3节　模型与实证分析方法

本章旨在验证上述2个假设,证明它们并不是相互独立、毫不相干的,而是密切相关的。因此,我们拟对需要验证的假设之间的相互关系进行简单建模。我们先对相关数据和实证分析方法进行简单说明。

一、关于使用数据的说明

本章数据来源于2004年度科学研究经费资助金项目[基础研究(A)《格差的代际转移与意愿促进型社会体系研究》(项目负责人:橘木俊诏)]。我们使用了实施于2004年到2006年间的《关于阶层化日本社会的问卷调查》中的受访者数据。该问卷是委托网络调查公司以线上形式进行的①,调查对象是与网络调查公司合作的受访者。2004年回收问卷6813份(回收率76.0%),2005年回收问卷5362份(回收率82.2%),2006年回收问卷4158份(回收率76.0%)。该问卷不仅调查了受访者的学历、职业、年收入、各类教育经历等,还包含了受访者中小学阶段的成绩、高中和大学的名称、父母及配偶的学历、职业等相关问题。②因此,我们可以据此对不同世代间的流动性、受访者的学力等进行多方面的分析。

首先,我们对问卷调查的数据进行说明。一直以来,在网络问卷调查中,调查对象多偏向于低年龄、高学历、高收入者。因此,我们拟将《关于阶层化日本社会的问卷调查》中的受访者数据与其他统计数据进行比较,来讨论样本会产生多大程度的偏差,具体如表1-1所示。

---

① 本调查采用了由三菱综合研究所和日本电信公司 NTT Resonant 运营的网络问卷调查系统"goo搜索"(实施期间:2005年11月9日至11月22日)。另外,利用我们委托的调查公司进行调查而完成的以往研究有田(2002)和吉田·水落(2005)。

② 在25—59岁的样本中,排除了回答不全和无回答的样本。

表 1-1 问卷调查的变量分布（区分男女）①

		男性	女性
年齢階級	２０歳代	22.38%	22.45%
	３０歳代	27.81%	27.98%
	４０歳代	29.15%	24.64%
	５０歳代以上	20.66%	24.93%
学歴	小中高校卒	55.63%	59.21%
	短大・高専卒	7.54%	19.79%
	大卒、大学院卒	36.83%	21.00%
年収	なし	5.21%	32.05%
	50万円未満	6.73%	15.06%
	50～100万円未満	5.80%	14.07%
	100～150万円未満	5.56%	8.54%
	150～250万円未満	10.38%	8.94%
	250～350万円未満	10.62%	9.14%
	350～450万円未満	12.96%	5.09%
	450～550万円未満	13.99%	2.96%
	550～650万円未満	9.50%	1.78%
	650～750万円未満	6.53%	1.14%
	750～850万円未満	3.90%	0.69%
	850～1,000万円未満	3.70%	0.30%
	1,000～1,200万円未満	3.27%	0.10%
	1,200～1,400万円未満	0.97%	0.00%
	1,400～1,600万円未満	0.44%	0.05%
	1,600～1,800万円未満	0.05%	0.05%
	1,800～2,000万円未満	0.15%	0.00%
	2,000万円以上	0.24%	0.05%
サンプルサイズ		2096	2062

注:①引自《关于阶层化日本社会的问卷调查》(2006)。
②无回答者除外。

由以上结果可知,50岁以上人口占2成多;而根据总务省2000年的人口普查数据,50岁以上人口占20岁以上人口的50.1%。这2个数据之间有着相当大的差距。也就是说,上述数据与以往研究中使用的网络调查数据存在相同问题。因此,我们认为有必要对中老年这一年龄段的调查结果有所保留。在学历

① 表1-1中的日语「男性」「女性」「年齢階級」「～歳代」「～歳代以上」「学歴」「小中高校卒」「短大・高専卒」「大卒、大学院卒」「年収」「なし」「～万円未満」「～万円以上」「サンプルサイズ」的中译文分别为"男性""女性""年龄段""～几岁""～岁以上""学历""小学・初中・高中毕业""大专・高专毕业""大学、研究生毕业""年收入""无""～万日元以下""～万日元以上""样本容量"。

方面,大学以上学历的男性不足4成,大学以上学历的女性有2成多。因此,这并不能说明样本极端偏向高学历。而且,在收入方面,与《就业结构基本调查》等相比,也没有表现出极端的偏差[①]。

二、关于假设的说明和模型的应用

我们拟用表1-2中的数据来验证上述2个假设。

第1个假设是:父母的社会阶层影响子女的学历,子女的学历又会影响其将来的收入,除了这种间接影响,父母的社会阶层也会直接影响子女的收入。

这里的问题是:如何定义阶层?阶层由职业、收入、学历等构成,在经济学上,其关注的是收入。但是,关于自己小时候父母的收入,大多数人很难答出。而且,应以父母哪个时期的收入为评价对象呢? 这因父母所处的时代环境的不同而有很大差异。因此,关于父母的收入这一要素,我们可以将"你15岁左右的时候,你的家庭收入与当时的普通家庭相比怎么样"这一问题作为替代变量。当然,因为是回顾形式的提问,所以很可能会产生观测误差等。理想的方法是,通过足够长时间的面板调查来分析阶层流动。然而,数据的不完善等是今后亟待解决的课题。

第2个假设是:子女的收入不但会受学历的影响,而且在其人生早期阶段,自身能力会影响学历,进而又会影响其今后的收入。

为验证这个假设,我们可将"子女小学阶段的成绩"作为解释变量,将受访者的年收入作为被解释变量。以下通过随机效应模型和处理效应模型对收入函数进行估计。使用这些模型的理由如下:考虑到父母的社会阶层和能力对子女的学历和子女的收入2个方面都可能有影响,故选用处理效应模型进行估计。此外,我们将所有变量看作外生变量,考虑到不可测量的个人因素,故选用随机效应模型进行分析。

---

① 与本章使用相同数据进行分析的研究还有森(2007)、浦川·松浦(2007)。

表1-2　描述性统计[①]

	男性		女性	
	平均	標準偏差	平均	標準偏差
本人年収	4.802	3.276	1.469	2.056
有配偶者ダミー	0.593	0.491	0.791	0.407
年齢	40.340	8.724	41.054	9.455
15歳のときの主観的豊かさ	2.799	0.986	2.914	0.958
父親教育年数	12.042	2.799	12.237	2.863
母親教育年数	11.613	2.152	11.640	2.020
小学生のときの成績	3.797	1.098	3.864	1.013
本人教育年数	13.741	2.013	13.331	1.725
銘柄大学ダミー	0.073	0.260	0.026	0.160
サンプルサイズ	3780		4125	

处理效应模型的概率模型如下：

$$y_i = \beta x_i + \gamma z_i + u_i \qquad z_i^* > 0, \qquad then \qquad z_i = 1$$

$$z_i^* = \delta W_i + v_i \qquad\qquad z_i^* \leq 0, \qquad then \qquad z_i = 0$$

$$E\begin{pmatrix} u_i \\ v_i \end{pmatrix} = 0, \qquad E\begin{pmatrix} u_i \\ v_i \end{pmatrix}\begin{pmatrix} u_i & v_i \end{pmatrix} = \begin{pmatrix} \sigma_u^2 & \rho \\ \rho & 1 \end{pmatrix}$$

在本模型中，y_i 表示收入，z 表示大学毕业（虚拟变量）和名牌大学（虚拟变量）。其通过允许误差项之间的相关性，可防止因不可测量的个人因素而高估学历对收入的影响。

被解释变量为受访者的年收入，再加上年龄、性别、受访者的学历、父母的学历，这些都可作为验证上述2个假设的变量。

为验证假设1，我们可将"15岁时的家庭富裕感知度"作为解释变量。设定问题为"你15岁左右的时候，你的家庭收入与当时的普通家庭相比怎么样"，设定选项为"1.远低于平均值；2.低于平均值；3.与平均值持平；4.高于平均值；5.远

---

① 表1-2中的日语「男性」「女性」「平均」「標準偏差」「本人年収」「有配偶者ダミー」「年齢」「15歳のときの主観的豊かさ」「父親教育年数」「母親教育年数」「小学生のときの成績」「本人教育年数」「銘柄大学ダミー」「サンプルサイズ」的中译文分别为"男性""女性""平均""标准偏差""本人年收入""有配偶者（虚拟变量）""年龄""15岁时的家庭富裕感知度""父亲受教育年数""母亲受教育年数""小学阶段的成绩""本人受教育年数""名牌大学（虚拟变量）""样本容量"。

高于平均值"①。如果符号为正,就可以支撑"15岁时家庭富裕可使未来收入提高"的假设。

为验证假设2,我们可设定问题为"你小时候(小学五六年级的时候)喜欢数学吗",设定选项为"1.非常喜欢;2.还算喜欢;3.不好说;4.不太喜欢;5.讨厌"。将这个变量的数值逆向排序,若假设2合理,则系数为正。

这里存在一个问题,那就是"喜欢数学"是否与"擅长数学"或是"数学学力强"不同? 严格来说,它们是不同的,但是如果一个人喜欢数学,并且努力学习数学,那么他学好数学的可能性就大。而且,反过来说,擅长数学也就会喜欢数学,这也是成立的。因此,"喜欢数学"和"擅长数学"之间的相关度很高。②另外,"名牌大学"这一虚拟变量按照大桥(1995)的分类方法,也包括原来的7所帝国大学(简称"帝大",现在的东京大学、京都大学、东北大学、九州大学、北海道大学、大阪大学、名古屋大学),以及一桥大学、神户大学、东京工业大学、早稻田大学、庆应义塾大学。这种分类方法也曾在岛(1999b)的研究中被用于求学经历(虚拟变量2)。

三、现在的年收入与小学阶段对数学的好感度,以及现在的年收入与15岁时的家庭富裕感知度的关系

在进行实证分析之前,我们先关注现在的年收入与小学阶段对数学的好感度、现在的年收入与15岁时的家庭富裕感知度这2个变量,看看它们之间的简单关系。

图1-2显示了小学阶段对数学的好感度与现在的年收入之间的关系。

男性的情况是,讨厌数学的人的年收入约为400万日元,而非常喜欢数学的人的年收入超过500万日元,二者的差距在100万日元以上。另外,由图1-2大体上可以看出,越是喜欢数学,年收入就越高。女性的情况是,讨厌数学的人和非常喜欢数学的人的年收入的差距在50万日元以上,可以看出随着对数学喜欢程度的增加,年收入也有增加的倾向。

---

① 排除了回答"不知道"的样本。

② 本章使用的问卷调查中,除调查"小学阶段对数学的好感度"以外,还调查了一般性成绩。若将其作为解释变量,则也能得出与本章提出的假设相同的结果。

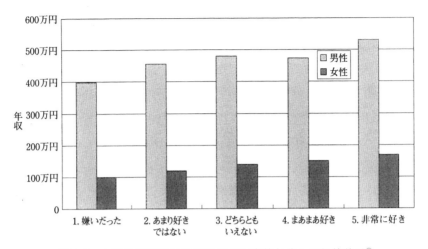

图1-2 小学阶段对数学的好感度与现在的年收入之间的关系①

图1-3显示了15岁时的家庭富裕感知度与现在的年收入之间的关系。

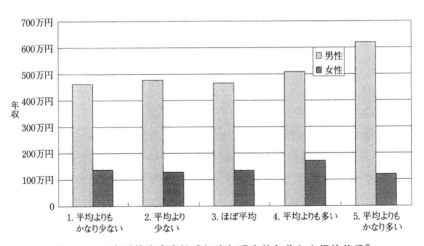

图1-3 15岁时的家庭富裕感知度与现在的年收入之间的关系②

男性的情况是,觉得15岁时家庭生活不富裕的人群年收入不足500万日

① 图1-2中的日语「~万円」「年収」「男性」「女性」「嫌いだった」「あまり好きではない」「どちらともいえない」「まあまあ好き」「非常に好き」的中译文分别为"~万日元""年收入""男性""女性""讨厌""不太喜欢""不好说""还算喜欢""非常喜欢"。

② 图1-3中的日语「平均よりもかなり少ない」「平均より少ない」「ほぼ平均」「平均よりも多い」「平均よりもかなり多い」的中译文分别为"远低于平均值""低于平均值""与平均值持平""高于平均值""远高于平均值"。其余日语关键词的中译文同图1-2。

元,而觉得15岁时家庭生活富裕的人群年收入超过600万日元。特别是感觉"远高于平均值"的人,与其他人相比,年收入显著偏高。至于女性,我们在年收入和15岁时的家庭富裕感知度之间并没有观察到单一的关系。女性中,回答"高于平均值"的人群年收入最高,回答"远高于平均值"的人群年收入并不是最高。这可能是觉得15岁时家庭生活富裕的女性中,有相当一部分人依靠父母或丈夫的收入生活而没有就业的缘故。

不过,这些考察只关注了阶层和收入、对数学的好感度和收入这2个变量,并没有控制年龄、学历等个人的可观测属性及其他不可观测的个人固有因素。以下将分析在控制这些属性和因素的基础上,是否也能观察到同样的倾向。

第4节　关于收入函数的估算

一、基本模型

本章关注的是决定人们收入的因素。首先,我们将所有解释变量作为外生变量,利用面板数据进行了估算,结果如表1-3所示。以下根据布罗施-帕甘检验(Breusch-Pagan test)[1],选择随机效应模型。

我们先来看男性的情况。男性的年龄为正向显著,年龄的平方为负向显著,所以收入随着年龄的增长而增加,但增加的程度在变小。受教育年数为正向显著,因此学历越高,收入越高。另外,小学阶段对数学的好感度为正向显著,因此小学阶段对数学的好感度越高,收入也越高。15岁时的家庭富裕感知度为正向显著,因此认为15岁时自己所处的社会阶层较高的人,收入也较高。从以上结果可以看出一种倾向,即子女少年时期的家庭社会阶层越高,其收入就越高。此外,母亲受教育年数为正向显著,因此母亲的学历越高,子女的收入也越高。相反,父亲受教育年数对子女的收入的影响并不显著[2]。

---

① 一种检验方法,用来选择金字塔池化模型和随机效应模型。另外,由于教育年限是一定时间内的效应,因此不能使用固定效应模型。

② 有配偶(虚拟变量)的系数相当大。从描述性统计来看,有配偶男性的平均年收入与无配偶男性的平均年收入之差约为270万日元。这一现象的成因可作为今后的研究课题。

我们再来看女性的情况。在很多变量上,女性表现出与男性相似的倾向。虽然女性 15 岁时的家庭富裕感知度为正,但不显著。也就是说,对女性来说,不能证明其 15 岁时的家庭富裕感知度与年收入有关。另外,女性小学阶段对数学的好感度也为正向显著。

　　表 1–3 中的(1)和(2)使用了受教育年数来分析教育效果。但是,随着大学升学率的提高,现在每 2 人中就有 1 人进入大学学习,在这种情况下,仅根据大学毕业、高中毕业、初中毕业来分析教育效果是不充分的。因此,以下我们将名牌大学和其他大学分开,来分析名牌大学对收入的效应,结果如表 1–3 中的(3)和(4)所示。

表 1–3　收入函数(随机效应模型)[①]

	(1) 男性	(2) 女性	(3) 男性	(4) 女性
有配偶ダミー	1.677	-1.469	1.662	-1.463
	[0.136]**	[0.102]**	[0.137]**	[0.096]**
年齢	0.623	0.198	0.630	0.196
	[0.064]**	[0.042]**	[0.064]**	[0.040]**
年齢（2乗）	-0.007	-0.002	-0.007	-0.002
	[0.001]**	[0.000]**	[0.001]**	[0.000]**
本人教育年数	0.095	0.052	0.063	0.032
	[0.035]*	[0.026]*	[0.036]+	[0.026]
銘柄大学ダミー			1.158	1.285
			[0.294]**	[0.029]**
15歳のときの主観的豊かさ	0.245	0.031	0.249	0.030
	[0.079]**	[0.051]	[0.079]**	[0.051]
父親教育年数	-0.016	-0.007	-0.022	0.002
	[0.035]	[0.020]	[0.035]	[0.020]
母親教育年数	0.101	0.046	0.089	0.046
	[0.045]*	[0.028]+	[0.048]+	[0.028]+
小学生のときの算数好感度	0.206	0.135	0.184	0.123
	[0.061]**	[0.035]**	[0.061]**	[0.035]**
年次ダミー	yes			
Bruesch-Pagan 検定	1940.30**	2066.37**	2242.46**	2041.43**
サンプルサイズ	3780	4125	3780	4125

注:表中符号表示显著性标准。"**"为 1%;"*"为 5%;"+"为 10%。

---

① 表 1–3 中的日语「男性」「女性」「有配偶ダミー」「年齢」「年齢(2乗)」「本人教育年数」「銘柄大学ダミー」「15 歳のときの主観的豊かさ」「父親教育年数」「母親教育年数」「小学生のときの算数好感度」「年次ダミー」「Bruesch-Pagan検定」「サンプルサイズ」的中译文分别为"男性""女性""有配偶(虚拟变量)""年龄""年龄(平方)""本人受教育年数""名牌大学(虚拟变量)""15 岁时的家庭富裕感知度""父亲受教育年数""母亲受教育年数""小学阶段对数学的好感度""年次(虚拟变量)""布罗施–帕甘检验""样本容量"。

表 1-3 中的 (3) 和 (4) 的多数符号条件、显著性与表 1-3 中的 (1) 和 (2) 相比没有变化,但在受教育年数方面,男性的受教育年数的显著性标准为 10%,为正向显著,而女性的受教育年数不呈显著性。也就是说,对女性来说,用名牌大学这一虚拟变量进行控制的话,大学毕业、高中毕业等学历因素对收入不存在效应。至于其他数据是否也会呈现相同结果,这里不再分析,我们将其作为今后的课题。

二、基于处理效应模型的估算

前文已对用随机效应模型来控制不可测量的个人固有因素进行了分析。然而,正如前文所指出的,不可测量的个人固有因素也有可能与解释变量相关。因此,考虑到父母的社会阶层和受访者小学阶段对数学的好感度同时影响学历和收入,我们通过处理效应模型进行了估算,结果如表 1-4 所示。

我们先来看一下父母的社会阶层及受访者小学阶段对数学的好感度对学历的影响。

男性的情况如下。男性 15 岁时的家庭富裕感知度为正向显著,父母的教育年数也呈显著性。并且,小学阶段对数学的好感度也呈显著性。也就是说,对男性来说,父母的学历,以及受访者 15 岁时的家庭富裕感知度、小学阶段对数学的好感度等因素会对学历产生影响。

女性的情况如下。与男性的情况相同,女性 15 岁时的社会阶层意识、小学阶段对数学的好感度等因素都为正向显著。也就是说,这些因素都会对学历产生影响。

我们再来看一下影响收入的因素。

男性的情况是,年龄为正向显著,年龄的平方为负向显著。并且,虚拟变量大学毕业为正向显著。这一结果证实图 1-1 中的路径②的影响是存在的。此外,15 岁时的家庭富裕感知度为正向显著,由此可以得出父母的社会阶层直接影响子女收入这一结果(见图 1-1③)。而且,小学阶段对数学的好感度为正向显著,由此得出小学阶段对数学的好感度不仅会影响学历,还会直接影响收入。

女性的情况是,15 岁时的家庭富裕感知度为负向显著。也就是说,父母的高社会阶层是导致子女收入下降的主要原因(见图 1-1③)。另外,小学阶段对数学的好感度为正向显著。也就是说，当其他条件不变时，父母的高社会阶层是导致收入降低的主要原因，但小学阶段对数学的好感度对学历和收入都有直接影响。

表1-4　收入函数1（处理效应模型）①

		男性	女性
被説明変数：年収	有配偶ダミー	2.280	-1.947
		[0.105]**	[0.074]**
	年齢	0.524	0.254
		[0.048]**	[0.030]**
	年齢（2乗）	-0.006	-0.003
		[0.001]**	[0.000]**
	15歳のときの主観的豊かさ	0.179	-0.099
		[0.058]**	[0.046]*
	小学生のときの算数好感度	0.156	0.095
		[0.042]**	[0.026]**
	大卒ダミー	1.610	1.200
		[0.326]**	[0.192]**
被説明変数：大卒ダミー	15歳のときの主観的豊かさ	0.136	0.339
		[0.023]**	[0.024]**
	小学生のときの算数好感度	0.144	0.133
		[0.017]**	[0.016]**
	父親教育年数	0.070	0.093
		[0.010]**	[0.009]**
	母親教育年数	0.118	0.111
		[0.013]**	[0.012]**
年次ダミー		yes	yes
対数尤度		-11684.63	-10826.54
サンプルサイズ		3780	4125

注：①表中符号表示显著性标准。"**"为1%；"*"为5%；"+"为10%。
　　②收入的计量单位为100万日元。

以上内容可归纳如下：男性的情况是，小学阶段对数学的好感度和15岁时的家庭富裕感知度直接影响其收入。女性的情况是，如果控制学历因素的话，

---

① 表1-4中的日语「男性」「女性」「被説明変数：年収」「有配偶ダミー」「年齢」「年齢（2乗）」「15歳のときの主観的豊かさ」「小学生のときの算数好感度」「大卒ダミー」「被説明変数：大卒ダミー」「父親教育年数」「母親教育年数」「年次ダミー」「対数尤度」「サンプルサイズ」的中译文分别为"男性""女性""被解释变量：年收入""有配偶（虚拟变量）""年龄""年龄（平方）""15岁时的家庭富裕感知度""小学阶段对数学的好感度""大学毕业（虚拟变量）""被解释变量：大学毕业（虚拟变量）""父亲受教育年数""母亲受教育年数""年次（虚拟变量）""对数似然函数值""样本容量"。

第6节 本章的结论和今后的课题

本章为分析父母和子女之间的阶层的代际转移与教育的关系,基于2个假设,对父母的社会阶层、子女小学阶段对数学的好感度等因素产生的影响进行了验证,结论如下。假设1中,父母的社会阶层会反映在子女的学历上(见图1-1①),结果会影响子女的收入与子女的社会阶层(见图1-1②),这一点已被很多教育社会学家证实。在本研究中,男性样本的数据显示,父母的社会阶层也会直接影响子女的年收入(见图1-1③)。而在女性样本中,父母的社会阶层对教育的影响是肯定存在的,但关于父母的社会阶层是如何影响收入的这一点还不明确。另外,对男性来说,15岁时的家庭富裕感知度会对其是否上大学产生影响,但不会对其是否上名牌大学产生影响。而对女性来说,15岁时的家庭富裕感知度不仅会影响其是否上大学,还会影响其是否上名牌大学。这个结果很有趣,今后我们将对此做进一步的探讨。

此外,研究表明,小学阶段对数学的好感度也会影响学历,不仅如此,其还会影响毕业后的年收入。并且,小学阶段对数学好感度高的女性年收入会更高,这一效果也得到了确认。最近,OECD于2006年发布的报告中指出,日本女中学生的数学学力虽然不强,但还是略强于日本男中学生。如果这一情况属实,那么我们可以预测擅长数学的女性的年收入将会有很大程度的提高。

关于今后的课题,主要有以下几点。

第一,父母的社会阶层中的哪些因素会影响子女的学历和收入?抽取这些因素将是今后研究的课题。可以认为,处于不同社会阶层的家庭内教育存在差异,并且这种差异不仅仅存在于为了获得高学历而进行的教育投资中,也存在于日常的教育中。例如,苅谷(2004)证实,通过对学习时间的对比,可发现近年来不同社会阶层间的"学习动力的鸿沟"越来越明显。这意味着不同社会阶层之间格差的扩大。在社会地位的代际转移等问题出现之前,就存在着可预见的将来的阶层格差,其反映在学习等行为上。

第二,本章分析的是连续3年的收入与父母的社会阶层,以及小学阶段对数学的好感度之间的关系。因此,虽然明确了受访者父母的社会阶层与受访者本人目前的收入之间存在关联性,但未能分析出这种关联性的高低变化情况,以及今后的变化趋势。我们将把这些问题作为今后的课题继续研究。

第三,在本章的分析中,我们认为受教育年数是内生要素。但是,子女小学阶段的成绩很有可能是由父母的社会阶层等因素决定的,因此今后有必要构建由内生性因素决定的模型来估算子女小学阶段的成绩。

第四,需要注意的是,上述结果是通过网络问卷调查得出的。今后,我们有必要使用其他问卷形式来进行补充研究。为此,有必要进行长期的面板数据调查分析。

这些都是摆在笔者面前的需要进一步研究的课题。

第2章　早稻田大学和庆应义塾大学
知名度的上升①

---

① 本章根据橘木(2008)第一章的一部分修订而成。感谢讲谈社授权转载。

第 1 节　引言

　　本章的关注点是私立大学。在私立大学中,早稻田大学和庆应义塾大学(简称"早庆")的地位在不断上升。"二战"前,早庆两校曾落后于帝大,如今却成为傲视群雄的名校。这 2 所大学在政界、经济界、演艺界等领域都人才辈出,故探寻这 2 所大学成功的秘密是本章的研究目的所在。这 2 所大学成功的教育方针吸引着广大优秀学生。值得关注的是,为什么有能力、肯努力的学生都会选择考入早庆这 2 所大学呢?

　　早庆毕业生的存在感在不断提高。为了说明这种情况的成因,本章重点关注早庆两校与其竞争对手国立名校之间的差别。这种情况的形成与早庆两校毕业生接受的教育密切相关。并且,早庆两校毕业生从事的职业和涉及的领域也是值得关注的焦点。围绕以上问题,本章试从多个角度来评价早庆两校。

第 2 节　"二战"前的早庆是普通学校

　　一组有趣的数据显示了"二战"前进入超一流企业的不同学历的新员工的初薪[1]水平。表 2-1 是出自岩濑(2006)的数据,其显示了日本几家具有代表性的企业的初薪情况。

　　在讨论表 2-1 之前,有一点需要补充说明:现在已经几乎没有企业会根据员工大学毕业的学校来设定初薪的差别,至少,如果是大学毕业生能够胜任的综合性职位,就没有企业会因员工毕业大学不同而区别对待。但是,由表 2-1 可以确认,"二战"前是存在企业根据员工毕业大学的不同而设定工资差别的情况的。在这张表中,令人印象深刻的是,在所有企业中,帝大毕业生的初薪最高。另外,商科大学(简称"商大",现在的一桥大学和神户大学)毕业生(就职于

---

① 初薪是指应届毕业生初次入职后领取的第一份工资,也称起始薪资、初始工资等。——译者注

三越吴服店的除外)的初薪与帝大毕业生处于相同水平。众所周知,帝大、商大都是官立大学,官立大学毕业生的待遇显然是非常优厚的。

表2-1 "二战"前超一流企业不同学历新员工的初薪水平[①]

三菱合资	帝大工 90円、帝大法 80円、商大 80円、商大専門部と早慶、神戸高商 各75円、 地方高等商業と中央、法政、明治 各65～70円、私大専門部 50～60円、中学程度 35円
三井物産	帝大、商大、神戸高商 80円、各私大 72円、地方高商 64円、 甲種商業 40円 (三井系の場合、本給は帝大卒で50円、私大卒で45円としており、これに割増金を本給75円まで6割増、 75円以上を最高60円までといった調整を行って、上記の水準になるようにしていた。)
住友合資	帝大、商大 80円、 神戸高商、商大専門部 70円、早慶、三年制高等商業 60円、甲種商業、中等程度 35円
安田保善社(安田財閥の持株会社)	帝大、商大 70円、私大 60円、私大専門部、官立専門部 50円、中等程度 30円
古河合名	帝大 78円、私大 60～65円、専門学校 68円、中学程度 30～35円
日本郵船	帝大、商大 80円、商大専門部、神戸高商 70～75円、早慶、地方高商 60～65円、その他の私大 50～55円
東京電灯(東京電力の前身)	帝大 75円、私大 55～60円、専門学校 60～70円、中等程度 35～55円、
三越呉服店	帝大 65円、商大60円、早慶 55円、その他の私大 50円、私大専門部 45円、甲種商業 日給1円50銭、中学 日給1円40銭
南満州鉄道	帝大 80円、私大 76～80円、専門学校 70～76円、中等程度 日給
日本銀行	帝大 48円、私大 34～40円、専門学校 29～37円、中等程度 23～29円 (これに手当がつくので、実支給額は各1.9倍。つまり帝大で約90円、私大で最高76円になる。)

注:引自岩瀬(2006)。

换句话说,包括早庆在内的私立大学(简称"私大")毕业生的初薪要比帝

---

① 表2-1中的日语「三菱合資」「三井物産」「住友合資」「安田保善社(安田財閥の持株会社)」「古河合名」「日本郵船」「東京電灯(東京電力の前身)」「三越呉服店」「南満州鉄道」「日本銀行」「帝大」「商大」「専門部」「早慶」「神戸高商」「中等程度」「私大」「専門学校」「中学程度」的中译文分别为"三菱合资""三井物产""住友合资""安田保善社(安田财阀的持股公司)""古河合名""日本邮船""东京电灯(东京电力的前身)""三越吴服店""南满洲铁道株式会社""日本银行""帝大""商大""专科""早庆""神户高等商业学校""中等程度""私大""专科学校""中学程度"。

大、商大低一个档次。官立大学也好,私立大学也罢,只要是旧制大学,都是相同的教育年数,然而两者之间还是存在差距的,这确实令人惊讶。甚至在以住友合资和日本邮船为代表的企业中,商大专科和神户高等商业学校的毕业生与私立大学的毕业生初薪相同,这实在令人费解。高等商业学校的修读时间比旧制大学短 3 年,其毕业生初薪却与私立大学相同,这说明高学历的人和低学历的人受到了同等对待。

为什么这种"官学优先、轻视私学"的政策会在"二战"前的日本盛行呢?我们发现有以下几点原因。

第一,明治时期,日本政府将"培养精英领导层的后备人才"作为国家的基本方针。东京大学(简称"东大")、京都大学(简称"京大")等旧制帝大是日本政府为执行此方针而设立的学校,所以这些学校从一开始就以培养精英为目的。后来,日本政府又设立了东北大学、九州大学、北海道大学、大阪大学、名古屋大学、京城大学等 7 所学校,形成了 9 校。正因如此,企业和社会积极响应国家政策,将这些大学的毕业生与私立大学的毕业生区别对待,从初薪开始就给予他们优待。

第二,从学生的角度来看,优秀的学生一般会以从旧制高中升入帝大为目标。众所周知,旧制高中的入学考试竞争虽然十分激烈,但是旧制高中毕业生几乎都能考进以帝大为中心的旧制大学。至于那些没能考进旧制高中的学生,他们会进入私立大学的预科或专科学习。因此,升入官立大学还是私立大学被用来评价学生学力的强弱。

第三,现代企业中有"综合职位"和"一般职位"之分,"二战"前帝大出身和私立大学出身的员工之间也有类似的待遇差别。在现代企业中,担任不能成为未来管理层的"一般职位"的几乎都是女性,但在"二战"前,帝大出身的人被视为未来的重要后备管理层,私立大学出身的人则被认为最高只能成为公司骨干。事实证明,晋升速度较快的是帝大或商大出身的人,在知名大企业中身居要职的也几乎都是这些人。这就是"二战"前日本的状况。

在日本社会中,帝大毕业生与私立大学毕业生的待遇区别非常明显。不过,从日本邮船和三越吴服店可以看出,早庆虽属私立大学,但其毕业生的初薪也比其他私立大学毕业生高。在此需要强调一下,早庆两校毕业生比其他私立大学毕业生得到了更高的社会评价。早庆两校在"二战"前就在私立大学中占有很高的地位,这也成为"二战"后一段时期里其地位不断提高的基础。

那么,为什么在帝大优先的时期,早庆两校在"二战"前就在私立大学中占有如此特殊的地位呢?这里有多种原因。

第一,福泽谕吉大约在150年前创立了庆应义塾大学的前身兰学塾,大限重信大约在125年前创立了早稻田大学的前身东京专门学校。早庆作为资深学校,已经向社会输送了大量优秀的人才。

第二,在一部分企业中,庆应两校毕业生成为经营者或管理者,并做出了不凡的业绩。人才辈出的庆应两校在经济界名声大噪。例如,三井的中川彦次郎、三菱的庄田平五郎、电力的松永安左卫门等。甚至出现了"非庆应出身的人不是我们的员工"这样的企业。例如三井银行、钟渊纺织、三越等。这里需要特别提一下企业福祉的创设者——钟渊纺织的武藤山治。经济界的庆应这一说法在"二战"后也被延续了下来。

这里有必要探讨一下为什么早庆两校毕业生在政治和经济领域人才辈出?如前所述,在"二战"前的日本,以帝大为中心的官立大学出身的人才是精英。以东大为首的官立大学以培养官僚为主要目的,因此东大等学校的毕业生大多会进入政界,还有一些会成为法官、检察官等,进入司法界。另外,帝大毕业生也是学者、研究者和教师的重要来源,这一点不容忽视。在热爱学习的帝大学生中,走上研究学问之路的人自然很多,此外也有不少人成为各类学校的教师。

进入政界、司法界、学术界的帝大毕业生有很多,反过来说,进入实业界的帝大毕业生并不多。早稻田大学从很早以前就在媒体方面颇具实力,其向地方政界提供了很多人才。而庆应大学的毕业生少有进入政界的想法,其中很多优秀的人才进入了实业界,由此出现了很多经营者。很少进入政界的商大毕业生的情况亦是如此。

第3节 "二战"后至1979年

旧制帝大成为新制的国立大学,商大、工大分别成为一桥大学、神户大学、东京工业大学,日本自此开始了"二战"后的学制改革。旧制高中、旧制高等商业学校、旧制高等工业学校、旧制师范学校也分别被作为综合大学的一部分升格为大学。在私立大学中,旧制大学、旧制专科、旧制高中等也成为综合大学。"二战"后,日本进行了大学教育改革,经过一系列的升级、合并,面貌全新的新制大学诞生了。

"二战"后日本大学体制的变化可以概括如下:

(1)在每个县至少设立了1所国立大学。

(2)为了给学生提供2次参加考试的机会,将国公立大学的入学考试日期分为2个,对应第一批次大学和第二批次大学,第一批次大学较难合格,第二批次大学相对容易合格。值得一提的是,旧帝大都是第一批次大学。

(3)虽然有相当数量的女子大学,但大学原则上实行男女同校制。

(4)就国公立大学和私立大学的财政来源而言,前者大部分来自公费,不太依赖于学费,后者则来自本校基金和高额学费。

新制大学还有很多其他特征,这里只提及了在评价早庆两校时较有参考价值的几点。那么,新制大学的诞生给早庆两校带来了怎样的影响呢?最大的影响是改革和废除旧制高中和旧帝大。如前所述,"二战"前,早庆落后于帝大,但在旧制高中和旧帝大被改组为新制大学后,包括早庆在内的高水平大学的地位也发生了变化。

这里举一个最容易理解的例子:旧制高中被称为"编号大学"(从一高到八高)的精英学校被编入新制大学。一高被编入东大,二高被编入东北大学,三高被编入京大,八高被编入名古屋大学,它们都被编入旧帝大,从而确保了精英学校的地位。四高被编入金泽大学,五高被编入熊本大学,六高被编入冈山大学,七高被编入鹿儿岛大学,它们的地位有所下降。"二战"前,希望报考旧制高中,特别是一高到八高的优秀学生,因旧制高中的改革和废除,又把目标转向旧帝大。

从北边的北海道大学到西边的九州大学,代表各个地区的7所旧帝大成为优秀学生的首选升学目标。其中,出类拔萃的高中生都以东大或京大为目标,这一传统一直延续到1979年。1979年发生了2项重大变革,即导入统一一次性高考制度(现在的中心考试)和废除第一、第二批次大学制度。关于这2项变革,我们将在后文进行详述。在此,有必要先介绍一下这一时期具有代表性的事情,那就是国公立大学和私立大学的学费存在差异。

表2-2显示了"二战"后至今日本国立大学和私立大学学费的变化情况。

在处于经济高速增长期的 1960 年,国立大学的入学费用为 1000 日元,学费为 9000 日元,而私立大学的入学费用为 39,152 日元,学费为 31,773 日元。从学费来看,私立大学约为国立大学的 3.5 倍。到了 1970 年,国立大学的学费为 12,000 日元,私立大学的学费为 85,666 日元,差距扩大到约 7.1 倍。"二战"后的二三十年间,国立大学的学费远低于私立大学。

表 2-2 "二战"后大学第一年度应缴纳费用[①]

年度	国立大学の初年度学生納付金			私立大学の初年度学生納付金			
	入学料(円)	授業料(円)	総額(円)	入学料	施設·設備費	授業料	総額
1949	200	1,800	2,000				
1954	400	6,000	6,400				
1959	1,000	9,000	10,000			28,641	61,784
1964	1,500	12,000	13,500			61,746	148,580
1969	4,000	12,000	16,000			84,048	221,874
1974	12,000	36,000	48,000				283,549
1979	80,000	144,000	224,000	175,999	147,440	325,198	648,637
1984	120,000	252,000	372,000	225,820	201,385	451,722	878,927
1989	185,400	339,600	525,000	256,600	207,932	570,584	1,035,116
1994	260,000	411,600	671,600	280,892	183,725	708,847	1,173,464
1999	275,000	478,800	753,800	290,815	198,982	783,298	1,273,095
2004	282,000	520,800	802,800	279,974	204,448	817,952	1,302,194

注:引自福地(2006)。

如此大的学费差距,对考生填报志愿的影响是非常大的。具体来说,很多学生的第一志愿是国公立大学,第二志愿是私立大学。第一志愿选择以旧帝大、一桥大学、东京工业大学为中心的第一批次大学是很自然的,但是第二志愿选择第二批次大学的学生也有很多。虽然像早庆这样的名牌私立大学家喻户晓,但考虑到学费,还是有不少学生会选择第二批次大学。

这一点可以用当时的家庭收入水平来解释。虽然日本经历了经济高速增长期,逐渐成为富裕的国家,但就家庭收入而言,并不是所有家庭的经济都很宽

---

① 表 2-2 中的日语「国立大学の初年度学生納付金」「私立大学の初年度学生納付金」「年度」「入学料(円)」「授業料(円)」「総額(円)」「入学料」「施設·設備費」「授業料」「総額」的中译文分别为"国立大学第一年度学生缴纳费用""私立大学第一年度学生缴纳费用""年度""入学费用/日元""学费/日元""总额/日元""入学费用""设施和设备费""学费""总额"。

裕,很多家庭不得不选择让孩子报考国公立大学。当时就流传着"穷人家的孩子上国公立大学"这样的说法。

但是,无论哪个时代,都有家境殷实的家庭,这样家庭的孩子若没能考上第一批次大学,则不会去考第二批次大学,而是选择去考私立名校。再具体一点说,就是涌现出了大量这样的学生,他们如果在东大、京大,以及一桥大学、东京工业大学等大学的考试中失利的话,就根本不会考虑第二批次大学,而是选择去考早庆。关西的同志社大学和关西学院大学和早庆是相同的情况。在国立大学考试中落榜的学生都涌向了早庆,这也成为 1979 年之前早庆的一大特征。事实上,从一开始就不以国立大学为目标,而以早庆为第一志愿的学生也相当多。由此,早庆的生源多为国立大学落榜学生和以早庆为第一志愿的学生。

在此,我们来简单总结一下早庆人气上升的原因。1979 年以后,早庆的人气在不断上升,其实在此之前早庆已经显示出人气上升的苗头。我们先来看一下早庆人气上升的前兆。

第一,在 1973 年石油危机之前的高速增长期,平均国民收入不断增加,能够负担起子女进入私立大学的费用的家庭数量不断增加。

第二,与第一点也有关系,地方城市的父母也有能力送子女去东京的大学读书,这使得他们的子女得以进入在地方城市中最有人气的早稻田大学。与此同时,日本社会正处于由地方向东京集中的时代,在东京上大学成为年轻人的向往。

第三,对生活在东京附近的考生来说,早庆两校的魅力在不断提高。特别是在经济界具有强大影响力,而且正在提高品牌效应的庆应义塾大学,其魅力无限。如果考不上东大或一桥大学,比起去外地上大学,他们自然更希望去早庆。旧制高中大多在地方城市,在"二战"前,在东京长大的年轻人还愿意去,但随着旧制高中的消失,那个时代也一去不复返了。

第四,在入学考试中,国立大学大多设置 5 科 7 门考试,而私立大学大多只设置 3 门考试。因讨厌国立大学的繁重学业,喜欢私立大学的轻松学习环境,而把私立大学作为第一志愿的学生有所增加。这种情况在一部分学力较强的考生身上也能看到,早庆两校生源增多就是一个明显的例子。

第4节　1979年以后早庆两校人气的高涨

早庆的人气并不是在1979年突然高涨的。如前所述,早庆的人气在此之前就在逐渐上升。不过,1979年日本大学入学考试制度发生了2项重大变革,这2项变革大大推动了早庆人气的上升。这2项变革就是前文提到的导入统一一次性高考制度和废除第一、第二批次大学制度。

一、大学入学考试制度的变革

之所以要导入统一一次性高考制度,是因为日本逐渐认识到入学考试中的怪题、难题太多,导致应试战争不断升级,破坏了高中教育。为避免各大学自主命题的弊端,日本制定了由专家精心准备,统一出题,让所有报考国公立大学的考生参加统一考试的制度。虽然可以只根据统一一次性高考的结果来决定合格的考生,但很多大学仅将该结果作为入学考试的初试成绩,之后各自组织复试。确实,统一一次性高考使正常题目变多了,但存在一个副作用,那就是国公立大学开始将偏差值作为排名标准,这也使得偏差值逐渐成为各个大学的象征。

大学排名意味着只根据学力这一个偏差值来评价大学,这使得人们对大学所谓的优劣有了更广泛的认知。在日常生活中,我们经常可以听到像"偏差值高的大学""偏差值低的大学"这样的说法。大学是实施研究和教育的场所,以学力为指标并不是坏事,但很少有人会考虑用学力以外的因素来评价大学的特色。国公立大学"被排名"和缺少个性使得特色鲜明的私立大学脱颖而出。特色鲜明不仅可以使私立大学免受排名的影响,还可以强化自身特色。私立大学可以将自身优点公之于众。其中的代表就是早庆两校。关于其优点,我们将在后文阐述。

由于统一一次性高考主要适用于国公立大学,考生需要参加5科7门考试,这对部分考生来说是个相当大的负担。对考生来说,准备7门考试和只准备3门考试的差别一目了然。这不仅会增加考生的心理负担,还关系到考生到底能准备好几门考试。这就迫使高中生需要尽早确定是报考国公立大学还是私立大学。实际上,高中生也是根据自身特点早早地做出了适合自己的选择的。这也进一步推动了私立大学人气的上升,因为越来越多的学力较强的人开始把早庆作为第一志愿。

说句题外话,这种现象给考生备考带来了微妙的变化。较早决定报考私立大学的高中生可以不再顾及其他科目,只专注于3门考试科目的学习,故其成绩易得到相当大的提高。相反,选择国公立大学的高中生则需要准备5科7门考试的全部内容,因此很难做到深入复习。这意味着,在考上国公立大学的考生中,有的人可能考不上私立大学。例如,有人通过了东大的考试,却没能通过早庆的考试。

1979年的另一项重大变革是废除第一、第二批次大学制度。此前,在第一批次大学的考试中落榜的考生有机会参加第二批次大学的考试,现在没有了这一机会,学力较强的考生在未能考进第一批次大学时,就会把私立大学作为第二志愿。对那些学力较强的考生来说,作为第二志愿的早庆也是非常有魅力的大学。

早庆在1979年以前就很受欢迎,1979年的2项重大变革更是推动了早庆人气的高涨。可以说,1979年的2项重大变革对早庆的人气起到了推波助澜的作用,其成为早庆人气沸腾的催化剂。

值得一提的是,早庆之所以人气高涨,能吸引如此多优秀的学生,还有很多原因。这些原因也与早庆两校的魅力相关。这不仅与早庆自身的变化有关,也与社会变化的影响密切相关,如东京集中化现象、少子化现象、格差社会等。关于这些原因,我们将在下文论述。

二、国公立大学和私立大学的学费差距缩小

我们再回顾一下表2-2。1960年,私立大学的学费约是国立大学的3.5倍,1970年扩大到约7.1倍。此后,国立大学和私立大学的学费每几年上涨一次,但值得注意的是,国立大学的学费的涨幅超过了私立大学。1980年,国立大学的学费是180,000日元,而私立大学是325,156日元。与1970年相比,这10年间从约7.1倍急剧缩小为约1.8倍。

到了1990年,国立大学的学费为339,600日元,而私立大学为615,486日元,与1980年的约1.8倍相比几乎没有变化。到了2000年,国立大学的学费为478,800日元,而私立大学为789,659日元,后者约为前者的1.6倍,差距有所缩小。现在,国立大学的学费为520,800日元,私立大学为817,952日元,后者也约

为前者的 1.6 倍。

以上从历史变迁的角度评价了国立大学和私立大学的学费差异,可以得出以下结论:到 1970 年为止,学费差距相当大,但进入 20 世纪 70 年代后,学费差距急剧缩小。进入 20 世纪 80 年代以后,私立大学的学费在国立大学的 1.8 倍左右徘徊,现在有所下降,为 1.6 倍左右。由此可见,国立大学的学费增长率超过了私立大学。

为什么学费差距会缩小呢? 主要有以下 3 点原因。

第一,随着 20 世纪 70 年代私立大学财政危机的日益显现,日本政府从 1976 年开始采用以国家财政支出救济私立大学的方法。这改变了私立大学的财政大部分依靠学生的局面。此后,日本政府又增加了私立学校补助金,从而控制了私立大学学费上涨的幅度。

第二,批评国公立大学学费过低的声音越来越高。"穷人家的孩子上国公立大学",国公立大学虽然为"教育机会平等"做出了贡献,但普遍认为其与私立大学的学费相比过于低廉。呼吁国公立大学的学生也应该自己承担相应的学费的声音也越来越高。

第三,1965 年日本政府开始发行国债,此后财政赤字的数额越来越大。日本政府确实也想尽可能地缩减公共支出。此外,为了培养对产业界有贡献的人才,以理工科为中心的国立大学不断扩大规模,政府内部也营造出一种应该让学生承担一部分学费的氛围。

基于这样的理由,国公立大学的学费普遍大幅上涨,而私立大学的学费并没有上涨多少。因此,国公立大学和私立大学之间的学费差距缩小了很多。这一情况意味着,对考生来说,在选择大学时学费不再是主要的考虑因素。当然,由于学费差距依然存在,那些家庭经济实力较弱的考生还是倾向于报考国公立大学。这里可以理解为,以前由于学费差距过大,考生报考国公立大学的意愿较强,现在这种意愿逐渐减弱了。也就是说,从学费这一点来看,国公立大学和私立大学已经差距不大了。

这一情况对私立大学来说是利好的,因为私立大学的报考者增加了,而且优秀生源能够得到确保。对私立大学中的名牌大学,特别是早庆两校来说,这也成为其吸引众多报考者的主要原因。

话说回来,虽然国公立大学和私立大学之间的学费差距变小了,但从绝对金额来看,如果像现在这样,国公立大学的学费为520,800日元,私立大学的学费为817,952日元,那么对普通家庭来说,也是相当重的负担。再加上学杂费,以及生活费等,负担就更重了。因此,父母供一个孩子上大学,需要下相当大的决心。特别是当孩子不在父母身边时,还需要支付孩子的租房费用,更别提在东京了。

这么高的学费和生活费,使得穷人家的孩子上大学变得比较困难。如果因为经济问题不能上大学,那就违背"教育机会平等"这一重要原则了。

三、东京集中化的效果与东京对年轻人的吸引力

在经济高速增长期,日本经历了前所未有的区域间劳动力转移。为了在大城市寻求更多的就业机会,年轻人开始从地方城市大批涌入东京。现在的年轻人可能不知道"集体就业"这个词,其指很多年轻人毕业后为了工作从地方城市移居到东京、大阪、名古屋。日本的经济活动都集中在大城市,特别是东京集中化不仅表现在经济领域,还表现在政治、学术、文化、体育等各个领域。在经济高速增长期以后,日本迎来了"东京一极化"的时代。

这种现象激起了年轻人想去东京的热情。东京住着很多年轻人,街道非常热闹,文体活动也很丰富。无论如何都想在充满魅力的东京住一住——年轻人怀有这样的梦想是很自然的。实现这个梦想的一个方法就是,从地方城市考入东京的大学。而且,东京有很多高质量的非常有名的大学。因此,考虑到东京读大学的年轻人在不断增多。而从东京的大学毕业后,将会面临是留在东京工作,还是回到地方城市工作的抉择。虽然毕业后还得考虑去向,但年轻人还是决定先考上东京的大学再说。

年轻人的目标之一就是早稻田大学。早稻田大学一直是地方城市的年轻人所向往的大学。每年都有很多早稻田大学毕业生成为政治家、文人、新闻工作者等,并活跃在相关领域,同时也有很多学生怀着凌云壮志从地方城市考进早稻田大学。为了成为"乡下来的早稻田人",从地方城市考入东京的早稻田大学是很多人的梦想。巧合的是,当时正值"东京一极化"的时代,地方城市的年轻人争相以早稻田大学为目标。虽然也有以庆应义塾大学为目标的年轻人,但总的说来,庆应义塾大学给人的印象是,其是都市的年轻人的目标院校,地方城市的年轻人还是向往早稻田大学。

四、迈入二代、三代的时代

东京在政治、经济、文化、体育等各个领域都是日本的最大中心,这意味着活跃于各界的人士都聚集在东京。他们的代表人物包括政治家、经济界人士、学者、文人、艺人、体育界人士等。这里有必要先说明一下政治家选择东京的原因。

日本国会议员由各自的选区选出,由于活动地点在东京,绝大多数情况下他们会与家人一起住在东京,因此东京是政治家的最大聚集地。在经济界,因为很多企业的总部设在东京,所以企业的管理层一般会住在东京。同样,许多活跃在其他领域的人也会住在东京。

这里需要关注的是这些人士的子女。每个孩子都要接受学校教育,而选择哪所学校显得很重要。因为这些人士是在各个领域出类拔萃的人,收入相对较高,而且多为领导层,所以非常关心自己的孩子将来上哪所学校。这些孩子就是所谓的二代、三代。在此,我们将重点关注政治家、经济界人士、学者、医生、艺人的二代、三代会进入什么样的学校。

他们自然希望让自己的子女进入拥有优秀生源的学校,并且是上流阶层人士子女聚集的学校。需要重申的是,父母收入较高,有能力把子女送进学费高昂的学校学习,并且他们自身大多受教育水平较高,所以希望尽可能让子女去高质量学生云集的学校。

学校也分为很多种,有小学、初中、高中、大学等。说到小学,大家都知道庆应幼稚舍是超有名的小学。另外,青山、学习院、成城、成蹊等私立小学也很有名。因为早庆是我们的关注焦点,所以这里主要分析庆应幼稚舍。有很多父母希望通过"幼升小考试"让孩子赢在起跑线上。那么,他们为什么纷纷选择让子女进入庆应幼稚舍呢?笔者认为主要有4点理由,以下结合第1章分析的内容进行阐述。

第一,考进知名度极高的庆应义塾大学的可能性很大。根据学习成绩,虽然有些孩子不一定能完全按照先升入附属初中,再升入附属高中,最后进入庆应义塾大学的某个专业这一规划好的道路去走,但是一旦踏上这条捷径,进入庆应义塾大学就有了极大的优势。对于希望子女在初中、高中及大学阶段避开残酷的考试战争的父母来说,让子女从小学开始就进入庆应系列学校具有很大的吸引力。

第二,进入庆应幼稚舍时孩子的年龄非常小,还不能通过入学考试来认定孩子的学力。参加中学和大学的入学考试,尤其是大学的入学考试时,孩子的学力是非常明确的,因此成绩不好的孩子很可能会在庆应义塾大学的入学考试中失利。但在庆应幼稚舍的考试中,学校还会斟酌孩子除学力以外的因素,从而确定入学者。那些想让孩子考入庆应义塾大学的父母,正是考虑到这时孩子的学力很难确定,才让孩子从小学开始就进入庆应幼稚舍。这样一来,他们更有把握让孩子考入庆应义塾大学。庆应幼稚舍的选拔内容还包括父母的资质、经济状况,以及孩子的受教育状况等,即孩子学力之外的要素也是其考虑的对象。

第三,进入庆应幼稚舍的孩子一般都有良好的家教,所谓的校园暴力、欺凌等问题与其他学校相比应该比较少,所以父母可以放心地让孩子入学。再加上学费昂贵,可以期待高质量的教育,这也是其魅力所在。

第四,庆应幼稚舍内聚集了上流家庭乃至精英阶层的子女,可以想象,这些孩子将来大多会在社会上大显身手。而且,很多孩子的家庭都热衷教育,因此家长期待孩子之间经常切磋琢磨。子女能和这样的同学、朋友一起学习,可谓益处良多。在子女步入社会后,这将成为其丰富的人脉资源。不仅仅是小学,如果初中、高中、大学也一同升学的话,友情和人脉则会更加牢固。据说,在庆应义塾大学,从庆应幼稚舍一路直升的学生们经常抱团,这也充分说明了这一点。

以上是庆应幼稚舍的例子。想考入庆应初中和高中的学生,或多或少也是出于这里所说的4点理由。所以,希望考进庆应初中和高中的学生也有很多,而这些入学考试也相当严格。早稻田大学虽然也有附属的小学至高中,但庆应的一贯制教育更具优势,所以在此我们只讨论庆应。

下面我们关注的是大学时才进入庆应的学生。在庆应一贯制学校就读的学生,虽然中途也可以转入或考入其他学校,但他们大多还是选择了庆应义塾大学,这说明他们对庆应很满意,也非常热爱。大学时才考进庆应的学生主要有以下2类:第一类是从一开始就将考试科目限定为3门,以庆应义塾大学为第一志愿的学生;第二类是在东大等国立名校的入学考试中失利,将庆应义塾大学作为第二志愿的学生。

这里需要强调的是,上述第一类学生中,有不少人是所谓的二代、三代。他们不一定来自庆应高中,但他们还是坚定地把庆应义塾大学作为第一志愿(这很符合以上在分析庆应幼稚舍时所阐述的理由)。他们一直处于良好的成长环境中,学习非常努力,但并不以考上东大等国立名校为目标,或者说他们并不热衷于此。当然,有很多人即使不是二代、三代,也会把早庆当作第一志愿。另外，即使是上述第二类学生，虽然在入学时多少有些不情愿，但在学习过程中能够融入庆应义塾大学的氛围，毕业后热爱着庆应义塾大学的人也不在少数。

这里有一个令人感兴趣的话题：庆应义塾大学的入学者中，内部升学者和外部升学者在学力和学习欲望上是否存在差异？庆应义塾大学的老师们说，内部升学者呈两极分化。如果是从一贯制学校直升的内部升学者，其因从未体验过激烈的升学考试，故可能会出现欲望不高的情况。而且，在那些不是全凭学力从庆应幼稚舍直升的内部升学者中，也会存在一些自身能力不足的情况。当然，内部升学者中肯定也有一批有幸免受考试战争之苦，一心向学的优秀学生。至于外部升学者，不仅仅是在庆应义塾大学，在其他大学也一样，其学力和学习欲望都是参差不齐的。

我们再回到二代、三代的话题。谈到二代、三代时，最容易理解的是政治家，特别是国会议员的例子。这里有二代、三代议员的数据。根据增田（2007）的统计，庆应二代、三代议员有44人，这在相关领域绝对是遥遥领先的。顺便提一下，排在第2位的是东大（34人），排在第3位的是早稻田大学（20人）。虽然这可以作为反映二代、三代偏爱庆应的证据，但关于东大的数据也不能完全忽略。这表明，即使是政治家的子女，也有学习热情很高的人。最具代表性的例子就是大家所熟知的鸠山家族，该家族连续5代都是东大毕业，从某种意义上来说，这确实令人佩服。

最有趣的是，早稻田二代、三代人数令人出乎意料的少。在2007年7月参议院选举之前，在国会议员人数上，早稻田大学以91人遥遥领先，其次是庆应义塾大学（74人）。但庆应二代、三代的占比惊人，达到58%，而早稻田二代、三代的占比仅为22%。前面说过，早稻田大学有很多胸怀大志的来自地方城市的学生，可见关于早稻田大学的学生以成为国会议员为目标从地方城市到东京的这一说法确实是真的。无论如何，对比早庆出身的政治家，两校二代、三代的占比显示出的巨大差异也如实反映了早庆各自的特色。

在政治家以外的领域（如企业家、医生、演员等所在领域），二代、三代大量涌现的时代已经来临。现在已经进入了格差社会，或者说已经进入了阶层固化的时代，活跃在这些领域的人，以早庆，特别是庆应义塾大学出身的为代表。在这些领域究竟有多少二代、三代存在呢？这很难调查。在此，我们以代表上层阶级的政治家为例，说明了庆应义塾大学已成为象征现代日本格差社会乃至阶层社会的学校这一事实。[①]

五、有助于就职和晋升

大部分大学生毕业后会选择就职。虽说是就职，有的成为自主经营者，有的成为企业员工，有的成为公务员……大家有着各种各样的出路。如果某所大学的毕业生中有很多人就职于理想的企业，那么自然会有很多高中生希望能进入这所大学，也想走上这条路。早庆两校就是满足这一条件的代表性大学。

在此，我们以在企业就职的人为焦点，来分析一下早庆两校毕业生在实业界是如何取得成功，并且找到了理想的工作的。社会上有政界、学界、司法界、医学界等，存在着各种各样的职业，但早庆的特色之一是其在实业界表现突出，因此我们来关注一下实业界。

既然成了企业员工，那么出人头地的捷径就是在企业内获得晋升。因为晋升的顶点是总经理或董事长，所以让我们先来关注一下各公司总经理的学历。表2-3显示了3940家上市公司总经理毕业大学的相关数据。这也代表了日本大企业总经理的学历。

从表2-3中可以看出，总经理人数排在前3位的是庆应义塾大学（303名），东京大学（179名），以及早稻田大学（173名），远超过排在第4位的日本大学（96名）。早庆和东大实际上培养了将近17%的总经理，可见在日本几百所大学中，这3所大学的表现尤为突出。本章重点关注的早庆两校占据了前3位中的2位，可以说这2所学校正逐渐支配着实业界。

抛开实业界的最高层，我们再来关注一下作为董事的高级职员。总经理作为最高层，在公司里是唯一的存在，而董事在公司里有几人到十几人，人数较多。总经理是从众多实力雄厚的候选人中脱颖而出的唯一的人，所以也有一定的运气成分。与此不同，董事都是在商业领域取得了高业绩的实力派人士，就这一点而言，称他们为实业界的人才或许更具客观性。

表2-4显示了3940家上市公司中的董事毕业大学的相关数据。庆应义塾大学以1711人居于首位，其次是早稻田大学（1405人），再次是东大（1161人）。引人注目的是，与总经理毕业大学的情况不同，董事中早稻田大学的毕业生比

---

① 详见橘木（2006）。

东大多。早庆两校在排名中占据了前2位,可见其是培养出众多优秀经营者的大学的代表。

表2-3 总经理毕业大学排行榜前10[1]

顺位	大学名	人数
1	慶應義塾大学	303
2	東京大学	179
3	早稲田大学	173
4	日本大学	96
5	京都大学	74
6	中央大学	70
7	同志社大学	60
8	明治大学	52
9	一橋大学	45
10	関西大学	43
10	大阪大学	43

注:引自 *President*,2007 年 10 月 15 日。

表2-4 董事毕业大学排行榜前10[2]

顺位	大学名	人数
1	慶應義塾大学	1,711
2	早稲田大学	1,405
3	東京大学	1,161
4	日本大学	675
5	中央大学	656
6	京都大学	572
7	明治大学	543
8	同志社大学	462
9	一橋大学	396
10	関西学院大学	359

注:引自 *President*,2007 年 10 月 15 日。

---

① 表2-3中的日语「順位」「大学名」「人数」「慶應義塾大学」「東京大学」「早稲田大学」「日本大学」「京都大学」「中央大学」「同志社大学」「明治大学」「一橋大学」「関西大学」「大阪大学」的中译文分别为"排名""大学名""人数""庆应义塾大学""东京大学""早稻田大学""日本大学""京都大学""中央大学""同志社大学""明治大学""一桥大学""关西大学""大阪大学"。

② 表2-4中的日语关键词的中译文同表2-3。

在日本的上市公司中,早庆两校因培养出众多总经理、董事等经营人才而备受关注。可想而知,早庆两校的毕业生也会以到其前辈所在的企业就职为目标。表2-5和表2-6显示了1997年和2007年早庆两校毕业生就职企业前10名的相关数据。1997年和2007年的就业热门产业不同,企业录用的人数也不同,所以这2个年份所列出的企业也不一样。但是,这2个年份所列出的企业都是上市公司中特别有名且特别优秀的。据此,不难看出早庆两校毕业生多在这些热门企业中就职。

　　这里展示了早庆在实业界的实力。当然,也不是所有大学毕业生都在企业内就职,他们的就职领域还涉及政界、学界、司法界等,如东大和京大的毕业生。而且,不同大学的毕业生数量也有很大差异。早庆两校,特别是早稻田大学的学生人数之多是众所周知的。如果不控制这些变量,也就是说,不确定有多少毕业生进入了实业界,就无法正确估算成为总经理、董事的毕业生占比。

表2-5　早稲田大学毕业生就职企业前10名(1997年和2007年)①

早稲田大学			
1997年	人数	2007年	人数
NTT	131	三菱ＵＦＪＦＧ	116
NEC	47	みずほＦＧ	108
三菱電機	47	大和證券Ｇ本社	94
東芝	45	三井住友ＦＧ	802
富士通	44	日立製作所	69
日立製作所	43	損害保険ジャパン	63
NHK	40	ＮＴＴデータ	59
ＮＴＴデータ通信	39	トヨタ自動車	58
アンダーセンコンサルティング	37	キャノン	58
富士銀行	35	ＮＥＣ	53

注:引自 *President*,2007 年 10 月 15 日。

① 表2-5中的日语「～年」「人数」「三菱UFJFG」「みずほFG」「三菱電機」「大和證券Ｇ本社」「東芝」「三井住友FG」「富士通」「日立製作所」「損害保険ジャパン」「NTTデータ」「NTTデータ通信」「トヨタ自動車」「アンダーセンコンサルティング」「キャノン」「富士銀行」的中译文分别为“～年”“人数”“三菱UFJFG”“瑞穂FG”“三菱电机”“大和证券G总部”“东芝”“三井住友FG”“富士通”“日立制作所”“日本损害保险公司”“NTT数据”“NTT数据通信”“丰田汽车”“安盛咨询公司”“佳能”“富士银行”。

表2-6　庆应义塾大学毕业生就职企业前10名(1997年和2007年)①

慶應義塾大学			
1997年	人数	2007年	人数
ＮＴＴ	59	みずほＦＧ	186
三井物産	51	大和證券Ｇ本社	105
第一勧業銀行	46	東京海上日動火災保険	93
日本ＩＢＭ	43	三菱ＵＦＪＦＧ	92
ＪＴＢ	37	キャノン	65
第一生命保険	35	三井住友ＦＧ	52
富士銀行	33	電通	49
ＮＨＫ	32	トヨタ自動車	46
東京海上火災保険	32	ソニー	45
東京三菱銀行	32	リクルート	43

注:引自 *President*,2007 年 10 月 15 日。

　　尽管或多或少地存在这样的问题,但从这些统计数据可以看出,早庆两校为实业界培养出了众多优秀的人才。要想在商业领域取得成功,那么毕业于早庆两校是最有优势的。为什么这2所大学如此有实力呢？若要详细说明这个问题,则需要补充新的论文及论据,这里我们只提出假设。

　　(1)这2所大学,特别是庆应义塾大学的毕业生的凝聚力很强。"庆应三田会"是毕业生的同学会组织,其以团结力强而闻名。在企业里,同为校友的毕业生人数较多,明里暗里互相鼓励、互相帮助的可能性也越大,就职和晋升也会变得有利。

　　(2)很多学生是在比较富裕的家庭里长大的,他们待人比较随和,在组织中不会树敌。而协调性是员工能否顺利晋升的重要标准之一。

　　(3)只靠协调性是不能获得晋升的。早稻田大学毕业生秉承"独立心"这一建校精神培养出的领导能力,以及庆应义塾大学毕业生秉承"重视实业"的学风培养出的积极从商的信心,有助于引导他们成为成功的企业人。特别是庆应义

---

① 表2-6中的日语「三井物産」「第一勧業銀行」「東京海上日動火災保険」「日本ＩＢＭ」「第一生命保険」「電通」「東京海上火災保険」「ソニー」「東京三菱銀行」「リクルート」的中译文分别为"三井物产""第一劝业银行""东京海上日动火灾保险""日本ＩＢＭ""第一生命保险""电通""东京海上火灾保险""索尼""东京三菱银行""瑞可利"。其余日语关键词的中译文同表2-5。

塾大学,如前所述,其一直以来在实业界人才辈出。很多才华出众的学生希望在商业领域大显身手,故就读于此。

(4)很多人不如东大生那样在学习上出类拔萃,他们可能更适合商业领域。学习好的人大多自尊心强,而在与人打交道较多的商业活动中难免会受到冷落,故他们在商业领域可能难以获得成功。

以上简单分析了早庆两校毕业生在实业界非同凡响的理由。遗憾的是,以上论述并没有超出假说的范畴,但这似乎可以成为今后的研究课题。

六、学生人数多的优势

当时,早稻田大学的学生人数是 45,000,庆应义塾大学的学生人数是 28,000,2 所大学都有很多学生。当然,也会有很多毕业生进入社会,毕业生越多,其中出现才华横溢且崭露头角的人的可能性也越大。一方面,名校人才辈出可归因于毕业生人数方面的优势,另一方面,名校毕业生不加入组织,仅通过个人努力成为领导人或名人的可能性也很大。而那些规模小的大学自然学生人数少,出现出类拔萃的人才的可能性也小。

早稻田大学在这一点上表现非常突出,其在文学、艺术、媒体、体育等领域,都涌现出众多将个人才能和自身努力结合起来,成长为领军人物的毕业生。这个趋势逐渐被大众所熟知,那些想要在这些领域有所发展的学生,自然都希望进入早稻田大学学习。而且,早稻田大学一直重视学生的个性发展,很多自主性较强的学生都在此就读。另外,"反骨精神"也是早稻田大学的传统,单枪匹马取得成功的人也不在少数。

综上所述,毕业生数量多,能提高出现杰出人才的可能性。并且,学校的口碑提高了,有能力的年轻人就会想要紧随学校的前辈而选择在此就读,这也是不可忽略的事实。大学的好口碑一旦形成,生源的质量就会越来越好。

七、媒体曝光率高

如今是媒体的时代,通过报纸、电视、网络等各种媒体,人们可以获得很多信息。这些媒体的存在,推动了各个领域的名人的毕业学校等个人信息的公开。政治家、经营者、文人、艺人,以及体育等领域的名人在这些媒体上被曝光的机会很多,同时他们所属的公司和毕业学校等信息也会被大众所知晓。早庆两校毕业生一直活跃在各大媒体上。

在甲子园高中棒球赛上声名远扬,且活跃于东京六大学棒球赛中的斋藤佑树就是早稻田大学毕业生。人气很旺的他被媒体连日报道,早稻田大学的名声也因此更加响亮。偶像组合"岚"的成员樱井翔从庆应幼稚舍到庆应义塾大学的精英路线也广为人知。在很早以前的电视政治节目中,政治家桥本龙太郎和石原伸晃两人在摄像机前互相展示庆应的袖扣,炫耀庆应的风采。也许有人喜欢,有人讨厌,但这是电视时代具有象征性的名场面之一。

随着早庆两校毕业生在媒体上曝光度的提高,其名声也越来越响,这也是越来越多的年轻人希望进入早庆两校学习的原因之一。

第5节　小结

以大学为例,以前私立大学和国公立大学的学费差距很大,能够进入私立大学就读的学生非常有限。但是,随着学费差距的缩小及家庭收入的提高,出于经济方面的原因不能上私立大学的情况减少了。而且,正如本章所阐明的那样,由于种种原因,以早庆为首的中心城市的私立大学人气高涨,其影响甚至波及大学下设的私立小学、初中及高中。

过去,地方城市的人尤其崇尚上公立大学,但如前所述,现在中心城市的私立学校越来越受欢迎。可以说,私立大学和国公立大学在教学质量上展开竞争的时代已经来临。这时面临的问题是,虽说私立大学与国公立大学之间的学费差距缩小了,但差距仍然存在。如何通过设立私立大学补助金等措施解决学费差异等问题,是教育决策机关和教育一线当下面临的严峻课题。

第3章　除医学专业之外，理科毕业生在仕途和经济生活上境遇不佳

第 1 节　引言

　　本章将重点分析除医学专业之外的理科毕业生的工作和生活状况,并将理科毕业生和文科毕业生进行比较,探究两者在工作和生活上的不同处境。理科专业大致可分为理学、工学、农学、医学、药学等,这里我们也将关注这些专业之间的差异,特别是医学和其他专业的区别。

第 2 节　理科毕业生不追求出人头地

　　除医学和药学专业以外,大部分理科毕业生会在企业或政府机关就职,或是成为个体经营者。医学专业的学生若在医院就职,则他们的身份也可以说是被雇佣者,但是他们的工作专业性强,并且医院也与一般企业的性质不同。药学专业的学生也有在制药公司就职的,制药公司可以视作一般企业,但因其数量不多,故这里我们不把其作为重点研究的对象。本章中所说的理科,主要是指理学、工学和农学。

　　理学、工学和农学专业被统称为理工科,理工科毕业生大部分会在企业或政府机关就职。下面我们来分析一下这些毕业生在工作岗位上的表现。在衡量其表现时,我们可以通过其在公司内的职位、晋升情况、薪资等指标来评价。

　　首先让我们聚焦政府机关。自明治时期以来,日本一直以官僚国家而闻名。到了现代,由于民间的市场经济优先和"规制缓和"政策,再加上弱化官僚体制和限制"空降官僚"①的各项措施,官僚的地位有所下降,但能执行国家重要工作的中央政府机关的人气并没有下降多少。工作意义重大、社会上官尊民卑之风尚有残留、职位稳定性高等都是政府机关的魅力所在。

　　那么,中央政府机关的高层——副部长和局长由谁担任呢? 一般来说,东

―――――――――――
① 空降官僚是指官僚在退休后被指派到和其所在的政府机关有密切关系的民间企业和团体担任较高职位的情况。

大毕业生占据了中央政府机关的大部分高层职位,这也符合事实。但是,本章关注的重点是理科和文科的区别。

将国家公务员Ⅰ类(后备干部)录用人员按理科和文科进行区分的话,理科占55%,文科则占45%,理科在录用人数上占优势。

而从在官僚中晋升到高层职位——副部长和局长的数据来看(见图3-1),理科处于绝对劣势。关于官僚机构顶端职位——副部长,31人中只有1人是理科出身。至于晋升率非常低(同期任职的人中只有几个人能得到晋升)的局长职位,文科毕业生占87%,理科毕业生只占13%。这令人不禁感叹:在中央政府机关,"理科不利、文科有利"的状况太明显了。

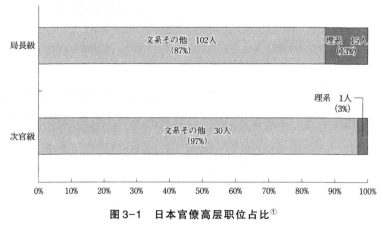

图3-1　日本官僚高层职位占比①

注:引自《理科白皮书》,2003年。

为什么会出现如此严重的不均衡呢?笔者认为有多方面的原因。

第一,官僚的大部分工作是制定法律和条例。这样一来,法学专业毕业生就有了用武之地,大家公认他们能顺利完成法律和条例的制定工作。无须赘言,其代表就是东大法学部毕业生。这也表明,经济专业和文学专业即使同为文科专业,在法学专业面前也望尘莫及。

第二,官僚根据职业种类的不同,在职务上有事务官员和技术官员之分。事务官员被视为处于晋升路线上的职位,而技术官员则被视为像无名英雄一样,在背后

_____

① 图3-1中的日语「局長級」「文系その他」「理系」「次官級」的中译文分别为"局长级别""文科及其他""理科""副部长级别"。

默默付出的具有专业知识的专职职位。虽然表面上没有对技术官员进行差别对待,但实际上一直采用的是优先提拔事务官员的人事政策。很明显,事务官员多为文科出身,技术官员多为理科出身。事务官员在晋升的道路上步步高升是理所当然的。

第三,对理科不利的人事政策。举例如下:据每日新闻社 2003 年的报道,理科毕业生被频繁地调到地方部门,而文科毕业生中留在中央部门的比例很高。并且,理科毕业生中在公办研究所从事研究工作的人有很多,因此本来能成为晋升候选人的理科毕业生就不多。

第四,明治以来日本采取了由官僚主导的经济发展政策。以东大为首的旧帝国大学,原本就是为培养官僚而创立的,有能力的人把成为官僚作为人生目标。于是,很多有才能的年轻人从东大法学部毕业后想要成为官僚。因此,有很多志向远大且有才能的文科毕业生最终成了官僚,这也是文科毕业生不断晋升的强大基础。简单地说,因为文科出身的官僚中有很多优秀的人才,所以这些人容易一路晋升,成为高层。

说到这里,也许有人会产生疑问:难道优秀的理科毕业生中就没有把成为官僚作为奋斗目标的吗?关于这个问题的答案,我们将在后面进行详细论述。在此需要说明的是,很多优秀的理科毕业生就职于其他行业也是影响晋升的因素之一。更重要的是,理科毕业生的职业选择和其性格、生活态度有关,这一点会在后文阐明。

接下来,我们研究一下民营企业的晋升情况。我们先来看一下上市公司总经理的晋升情况。表 3-1 显示了上市公司总经理毕业的大学和专业的辈出率。辈出率的计算方法如下:掌握某一年毕业于 A 大学、B 专业的总经理有多少人,同时掌握这一年同一所大学、同一专业的新生有多少人,以前者为分子,后者为分母,计算出辈出率。如果单纯地按总经理人数来排名的话,规模大的大学和专业的排名就很有可能比较靠前。用这种方法计算的优点在于,可将规模这一因素标准化,能计算出排除规模因素干扰的晋升能力及担任要职的能力。但这种计算方法并非没有问题。第一,用总经理毕业那一年的毕业生人数作分母比用新生人数更合适;第二,即使掌握了当时的毕业生人数,最好还能从中减去在实业界以外行业就职的人数,再用这个数字作分母。如果能克服这 2 个问题,就能得到理想的总经理辈出率,但要掌握这些数据并不容易。因此,这里计算出的人才辈出率虽然不是最理想的,但与直接使用总经理人数这个绝对量相比,确实在很大程度上得到了优化。

表3-1 总经理辈出率大学前30

【大学别】

顺位	大学名	指数
1	慶應義塾大学	0.061
2	一橋大学	0.052
3	東京大学	0.051
4	京都大学	0.026
5	早稲田大学	0.021
6	成蹊大学	0.019
6	大阪市立大学	0.019
8	甲南大学	0.018
8	成城大学	0.018
8	横浜市立大学	0.018
11	北海道大学	0.017
11	武蔵工業大学	0.017
13	横浜国立大学	0.016
14	中央大学	0.015
14	同志社大学	0.015
14	立教大学	0.015
14	学習院大学	0.015
18	大阪大学	0.014
18	九州大学	0.014
20	関西学院大学	0.013
21	神戸大学	0.012
21	東北大学	0.012
21	上智大学	0.012
21	大阪府立大学	0.012
25	明治大学	0.011
25	名古屋工業大学	0.011
27	青山学院大学	0.010
28	日本大学	0.009
28	関西大学	0.009
28	名古屋大学	0.009
28	静岡大学	0.009
28	大阪経済大学	0.009

【大学・学部别】

顺位	大学名	指数
1	東京大学・経済学部	0.135
2	東京大学・法学部	0.106
3	慶應義塾大学・経済学部	0.094
4	京都大学・経済学部	0.087
5	慶應義塾大学・法学部	0.066
6	慶應義塾大学・商学部	0.065
7	大阪大学・経済学部	0.053
8	一橋大学・商学部	0.049
9	京都大学・法学部	0.046
10	一橋大学・経済学部	0.045
11	一橋大学・社会学部	0.044
12	東京大学・工学部	0.039
12	神戸大学・経済学部	0.039
14	早稲田大学・政経学部	0.036
14	早稲田大学・商学部	0.036
16	名古屋大学・経済学部	0.034
17	九州大学・法学部	0.032
18	甲南大学・経営学部	0.031
18	九州大学・経済学部	0.031
20	東京大学・文学部	0.030
21	横浜国立大学・経済学部	0.027
21	立教大学・経済学部	0.027
23	慶應義塾大学・理工学部	0.025
24	青山学院大学・経済学部	0.024
25	早稲田大学・理工学部	0.023
25	上智大学・法学部	0.023
25	京都大学・工学部	0.023
28	神戸大学・経営学部	0.022
28	関西学院大学・経済学部	0.022
30	北海道大学・工学部	0.021

注:①引自 *President*,2007 年 10 月 15 日。
　　②表中存在并列的情况,因此总经理辈出大学总数超过30所。

表3-1①的主要关注点在于各专业的数据，而不是各大学的数据。以东大为例，排在第1位的是经济学部，为0.135，排在第2位的是法学部，为0.106，而工学部排在第12位，为0.039。与前2个学部相比，工学部毕业生的辈出率要低很多。接着以京大为例，经济学部排在第4位，为0.087，法学部排在第9位，为0.046，而工学部排在第25位，为0.023，这个比例相当低。在民营企业中，理工科毕业生同样处于不利地位。

这里有几个需要注意的地方。东大和京大的法学专业毕业生大多进入政界和司法界，而经济学专业毕业生大多进入实业界，因此存在经济学专业毕业生的人才辈出率略高于法学专业的可能性。工科专业的毕业生中，有相当一部分人就职于大学或研究所，因此晋升到管理层顶端的总经理的候选人会变少，即分子会变小。因此，工科专业单纯的总经理辈出率也有可能比表3-1中的数据稍微低一些。即使存在这些影响因素，也能看出法学、经济学等文科专业毕业生成为总经理的概率要比理工科专业毕业生大很多。

让我们来看一下私立大学的强者——早庆。庆应义塾大学的情况是，经济学部排在第3位，为0.094，法学部排在第5位，为0.066，商学部排在第6位，为0.065，而理工学部排在第23位，为0.025，处于相当低的水平。早稻田大学的情况是，政经学部和商学部并列排在第14位，为0.036，而理工学部排在第25位，为0.023。早庆也出现了与东大和京大相同的情况，即与文科毕业生相比，

① 表3-1中的日语「順位」「大学名」「指数」「慶應義塾大学」「一橋大学」「東京大学」「京都大学」「早稲田大学」「成蹊大学」「大阪市立大学」「甲南大学」「成城大学」「横浜市立大学」「北海道大学」「武蔵工業大学」「横浜国立大学」「中央大学」「同志社大学」「立教大学」「学習院大学」「大阪大学」「九州大学」「関西学院大学」「神戸大学」「東北大学」「上智大学」「大阪府立大学」「明治大学」「名古屋工業大学」「青山学院大学」「日本大学」「関西大学」「名古屋大学」「静岡大学」「大阪経済大学」「経済学部」「法学部」「商学部」「社会学部」「工学部」「政経学部」「経営学部」「文学部」「理工学部」的中译文分别为"排名""大学名称""指数""庆应义塾大学""一桥大学""东京大学""京都大学""早稻田大学""成蹊大学""大阪市立大学""甲南大学""成城大学""横滨市立大学""北海道大学""武藏工业大学""横滨国立大学""中央大学""同志社大学""立教大学""学习院大学""大阪大学""九州大学""关西学院大学""神户大学""东北大学""上智大学""大阪府立大学""明治大学""名古屋工业大学""青山学院大学""日本大学""关西大学""名古屋大学""静冈大学""大阪经济大学""经济学部""法学部""商学部""社会学部""工学部""政经学部""经营学部""文学部""理工学部"。

理工科毕业生更难晋升为总经理。

一桥大学的商学部、经济学部、社会学部的指数分别是0.049,0.045,0.044,分别排在第8、第10、第11位,排名都比较靠前。一桥大学没有理科专业,所以不可能像东大、早庆那样进行文理科比较。从学力的高低和学校的名气来看,东京工业大学与一桥大学处于同一水平,但东京工业大学没能挤进排行榜的前30位,这也表明它的理科毕业生辈出率比较低。

这里再介绍两三个其他的旧帝国大学。大阪大学的工学部没有出现在表3-1中,这和前面提到的大学的情况相同。九州大学和大阪大学情况相同,即法学部和经济学部进入了排行榜的前30位,而工学部不在其列。

至于其他大学,如神户大学、名古屋大学、甲南大学、横滨国立大学、立教大学、青山学院大学、上智大学、关西学院大学等,只有文科专业进入了排行榜的前30位,而理工科专业都不在其列。据此也能看出理工科毕业生处于劣势。只是,这些大学中,有几所大学早就没有设置理工科专业了,因此理工科总经理辈出率也就无从谈起,但是以这些数据为依据主张理工科出身的毕业生处于劣势可能言之过急了。

最后,稍微提一下涉及的大学。若只考虑前10位的话,则只有庆应义塾大学、一桥大学、东大、京大、早稻田大学。这些大学培养出上市公司总经理的比例都很高。更重要的是,从专业来看,理工科专业没有进入前10位,进入前10位的全都是文科专业。理工科专业中,最靠前的是东大工学部,其也只排在第12位。这些数据如实地说明了文科专业比理科专业更有优势。

总经理之下的高层职位——董事的情况又如何呢?总经理好几年才会更换一次,并且只有一个人能晋升,所以人数非常有限。在商业精英云集的公司中脱颖而出并成为总经理有时需要一些运气成分,因此在衡量商业人士的成功度时,把目光放在董事身上或许更为准确,即看一下同期就职的人中已成为董事的有几人。晋升为董事时或许也有运气成分,但其产生的影响至少要比晋升为总经理时小。

表 3-2　董事辈出率大学前 30①

【大学别】

顺位	大学名	指数
1	一橋大学	0.459
2	慶應義塾大学	0.347
3	東京大学	0.337
4	京都大学	0.204
5	早稲田大学	0.174
6	大阪市立大学	0.162
7	中央大学	0.147
8	名古屋大学	0.126
9	北海道大学	0.120
10	同志社大学	0.117
11	明治大学	0.115
12	東北大学	0.113
13	横浜国立大学	0.112
14	関西学院大学	0.111
14	九州大学	0.111
16	大阪府立大学	0.110
17	神戸大学	0.106
18	上智大学	0.103
19	名古屋工業大学	0.100
20	武蔵工業大学	0.098
21	大阪大学	0.097
22	学習院大学	0.091
22	工学院大学	0.091
24	立教大学	0.090
24	甲南大学	0.090
26	成蹊大学	0.079
27	芝浦工業大学	0.076
27	東京経済大学	0.076
29	関西大学	0.070
30	青山学院大学	0.069

【大学・学部别】

顺位	大学名	指数
1	東京大学・経済学部	0.825
2	東京大学・法学部	0.787
3	京都大学・経済学部	0.659
4	慶應義塾大学・経済学部	0.537
5	一橋大学・経済学部	0.514
6	一橋大学・商学部	0.445
7	京都大学・法学部	0.394
8	九州大学・工学部	0.391
9	慶應義塾大学・法学部	0.378
10	名古屋大学・経済学部	0.373
11	慶應義塾大学・商学部	0.360
12	早稲田大学・商学部	0.299
13	早稲田大学・政経学部	0.296
14	神戸大学・経済学部	0.290
15	大阪大学・経済学部	0.289
16	神戸大学・経営学部	0.255
17	東京大学・工学部	0.251
18	一橋大学・法学部	0.246
19	九州大学・法学部	0.237
20	早稲田大学・法学部	0.223
21	九州大学・経済学部	0.217
22	関西学院大学・経済学部	0.195
23	関西学院大学・商学部	0.191
24	一橋大学・社会学部	0.179
25	京都大学・工学部	0.162
26	中央大学・法学部	0.158
27	青山学院大学・経済学部	0.156
28	東北大学・経済学部	0.148
29	早稲田大学・理工学部	0.142
30	大阪大学・工学部	0.141

注：引自 *President*，2007 年 10 月 15 日。

---

① 表 3-2 中的日语关键词的中译文同表 3-1。

　　表3-2显示了各大学和专业的董事辈出率,其计算方法与总经理辈出率相同。我们可以从表3-2中了解到各专业的情况。

　　第一,关注同一所大学和同一个专业,就会发现与总经理辈出率相比,董事的辈出率要高很多。例如,排在第1位的东大经济学部董事辈出率为0.825,其总经理辈出率为0.135,前者约为后者的6倍。从相反的角度来评价的话,东大经济学部的毕业生中,成为董事的6个人中就有1个人能成为总经理。毫无疑问,当总经理比当董事竞争更为激烈。在其他大学的经济学部中,这个倍数都在5至10之间,所以没有太大的差异。

　　综上所述,无论是哪所大学和哪个专业,董事辈出率都比总经理辈出率高很多。至于董事辈出率和总经理辈出率两者间的倍数,各大学同一专业之间的差距也不大。如果将条件限定为在晋升董事后的职业生涯中竞争总经理之位的话,就不存在文理科的优劣势问题了。

　　第二,需要强调的是,关于董事辈出率这个指标,各专业之间存在相当大的差异。例如从排名来看,排在第1位和第2位的东大经济学部和法学部分别为0.825和0.787,而东大工学部排在第17位,为0.125,前两者大约是后者的3倍,存在相当大的差距。即使是同一所大学的毕业生,文科毕业生成为董事的概率也会比理工科毕业生大3—4倍。这一点也适用于其他国立大学。以京都大学为例,经济学部排在第3位,为0.659,法学部排在第7位,为0.394,而工学部排在第25位,为0.162,前两者和后者相差3—4倍。其他大学,如大阪大学和神户大学的情况也是如此。

　　例外的是九州大学工学部,其表现出了鲜明的特色:法学部排在第19位,为0.237;经济学部排在第21位,为0.217;而工学部排在第8位,为0.391。理工科董事辈出率约为文科的2倍,这与总经理辈出率的情况正好相反。具体原因还不明确,可能是因为九州大学工学部招收了很多优秀生源,并在此基础上开展了良好的教育,之后将他们送入社会。经济学部的情况可能与此相反。稍微夸张一点或许可以这样解释,九州大学经济学部以马克思主义经济学而闻名,经济学部的教育不是为了培养商业人才,或者从思维方式上来说,打算从事商业工作的学生本来就很少。在前面也提到过,九州大学经济学部的排名比九州大学法学部靠后,这与其他大学的情况形成了鲜明的对比。由此可见,九州大学经济学部的排名靠后是有其特殊原因的。但是,将原因归结为重视马克思主义经济学终究只是假设而已。

下面来看一下私立大学的情况。早稻田大学的商学部排在第 12 位，为 0.299，政经学部排在第 13 位，为 0.296，法学部排在第 20 位，为 0.223，而理工学部排在第 29 位，为 0.142。可见，其理工科比文科的董事辈出率低，这一点与国立大学相同，但差距不像别的大学那么大，文科约为理科的 2 倍，可以说早稻田大学理工科确实很强。关于早稻田大学的总经理辈出率，从文科和理科的比例来看，可以得到相似的结果：政经学部为 0.036，理工部为 0.023，可见文理科差别不大。这些都足以说明早稻田大学理工科确实是很强的学科。

那么，私立大学的另一个佼佼者——庆应义塾大学的情况又如何呢？文科的经济学部、法学部、商学部分别排在第 4、第 9、第 11 位，分别为 0.537，0.378，0.360，比例都非常高，但理工部未能挤进前 30 位。庆应义塾大学的情况是，文科毕业生比理科毕业生晋升为董事的概率要大得多。

由此可以得到如下结论：即使是从同一所大学毕业，与法学、经济学、商学等文科专业的人相比，理科专业的人晋升为董事的概率要小得多。除了九州大学这个例外，同一所大学的文理科毕业生在学力、学习意愿等方面都处于相似的水平。由以上研究可知，即使是从同一所大学毕业，在晋升为总经理或董事时，理科专业毕业生与文科专业毕业生相比，处于较大的劣势。一般而言，在企业中就职的理科毕业生在职位晋升方面处于相对劣势。关于其原因，我们将在后文进行探讨。

世界上的发达国家的情况是怎样的呢？图 3-2 显示了日本、英国、德国、法国的总经理的专业领域相关数据。以理工科为例，法国、德国、英国的理工学专业出身的总经理占 54%—55%，而日本只有 28%。这说明，与其他发达国家相比，日本企业中，理工科毕业生受到了冷遇。

图 3-2 也提供了一个关于文科的有趣事实，即德国和日本的经济学专业出身的总经理所占比例相当高，为 23%—25%，而英国和法国的占比则相当低，均在 10% 以下。顺便说一下，德国和日本的法学专业出身的总经理所占的比例相当高，英国和法国则是社会科学及其他专业出身的总经理所占的比例相当高。因为"社会科学及其他"具体是指什么并不是很明确，所以不再过多提及。图 3-2 说明的重要事实是，与其他发达国家相比，日本的理工科人才在企业中受到了冷遇。

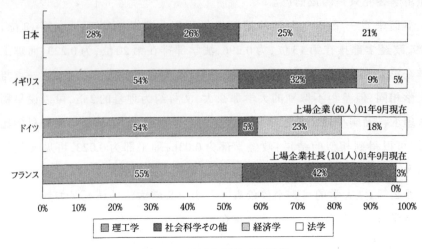

图3-2 世界各国的总经理①

注:引自《理科白皮书》,2003年。

接下来,让我们比较一下理科和文科的薪资情况。如前所述,在政府机关和企业中,与文科毕业生相比,理科毕业生在晋升时处于相当不利的状况,因此可以预想二者的收入差异是肯定存在的,下面来具体比较一下。图3-3和图3-4显示了某国立大学的理科毕业生和文科毕业生的平均年收入与生涯薪资的相关数据。

由图3-3和图3-4可以看出以下几点。

第一,在22—30岁的年轻人中,理科毕业生的平均年收入为529万日元,比文科毕业生的452万日元要高。这是因为理科毕业生中硕士研究生、博士研究生比较多,因为此年龄段存在这种学历差距,所以理科毕业生的平均年收入更高。

第二,随着年龄的增长,这一差距发生了逆转。31—40岁时,文科毕业生的平均年收入为969万日元,而理科毕业生的平均年收入为739万日元。过了40岁,这一趋势仍在持续。51—60岁时,文科毕业生的平均年收入为1616万日元,而理科毕业生的平均年收入为1462万日元。除了22—30岁这一年龄段,理科毕业生的平均年收入大约比文科毕业生低200万日元。

① 图3-2中的日语「日本」「イギリス」「ドイツ」「フランス」「上場企業(60人)01年9月現在」「上場企業社長(101人)01年9月現在」「理工学」「社会科学その他」「経済学」「法学」的中译文分别为“日本”“英国”“德国”“法国”“上市公司(60人)2001年9月”“上市公司总经理(101人)2001年9月”“理工学”“社会科学及其他”“经济学”“法学”。

第三，在生涯薪资（22—60岁）方面，文科毕业生为4.36亿日元，理科毕业生为3.84亿日元，理科毕业生的生涯薪资大约比文科毕业生低0.52亿日元，可以说二者差距相当大。

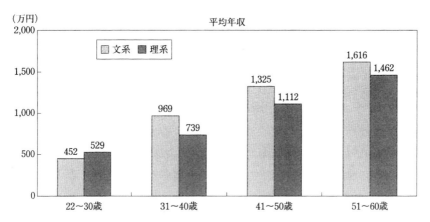

图3-3　文科出身者与理科出身者的薪资格差（平均年收入）[1]

注：[1]引自《理科白皮书》，2003年。

　　[2]此为松繁寿和等大阪大学大学院国际公共政策研究科的教授于1998年实施的调查。调查对象为某国立大学毕业生，理科约2200人、文科约1200人回答了此调查问卷。下同。

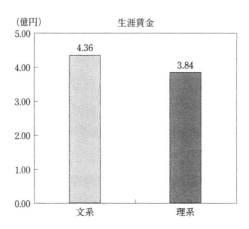

图3-4　文科出身者与理科出身者的薪资格差（生涯薪资）[2]

---

[1] 图3-3中的日语「平均年収」「万円」「文系」「理系」「～歳」的中译文分别为"平均年收入""万日元""文科""理科""～岁"。

[2] 图3-4中的日语「生涯賃金」「億円」的中译文分别为"生涯薪资""亿日元"。其余日语关键词的中译文同图3-3。

为什么理科毕业生的薪资会比文科毕业生低呢？笔者认为有多种原因。

第一，如前所述，理科毕业生在政府机关或企业的晋升上，与文科毕业生相比处于劣势，由此产生的收入差距也很大。得到晋升的人薪资自然比较高，反之，得不到晋升的人薪资就很低。

第二，文科毕业生中也有在制造业就职的，但更多的是在银行、贸易公司、媒体等服务业就职。在日本，金融业和服务业的薪资比较高。而理科毕业生大多在制造业就职，情况正好与文科毕业生相反。一般来说，在平均薪资较低的产业就职的人中，理科毕业生比文科毕业生要多，这是理科毕业生和文科毕业生收入差距的另一个原因。

第三，这一点与在企业内的晋升也有关系，理科毕业生从事能展示能力和业绩的工作的机会比文科毕业生少。例如，很多文科毕业生担任销售岗，这种岗位看重业绩，所以一部分业绩斐然的人能够获得相当高的薪资。而理科毕业生从事的大多是技术和研究工作，工作岗位朴实、不起眼，很难展示出能力和业绩。

但是，最近已经有相当多的企业在向那些在发明或新技术的开发上取得了突出成绩的人提供相应的高额报酬。因此，今后理科毕业生的薪资可能也会有所提高。虽说如此，这种报酬也只是非常有限的一部分成功者可获得的报酬，从整体来看，理科毕业生的平均薪资不会有太大的提高。

要想改变这种状况，较为有效的做法是让企业和社会都了解到日本理科毕业生境遇不佳这一事实，使他们能明白如果再不优待理科毕业生，就有可能导致人才枯竭，必须想办法改善理科毕业生的待遇。无论是过去还是现在，都有一部分理科生不愿意去月薪较低的制造业就职，而是选择在金融业就职，想在能够获得高收入的金融等领域大显身手。为了让这些人发挥专长，愿意在制造业就职，同时鼓励更多的优秀高中生选择攻读理科专业，政府有必要改变理科毕业生不得志的现状，甚至要进一步加强优待措施。

第3节　为何理科毕业生难以得到晋升

与文科毕业生相比，理科毕业生在企业或政府机关中晋升的可能性较小，我们在这里探究一下其中的原因。可以从以下2个角度来探讨:一个是员工一方的原因,另一个是企业一方的原因。

一、员工一方的原因

这里最想强调的是,理科毕业生进入专业岗位的意愿较强,进入管理岗位的意愿较弱。这里的管理岗位工作者是指,有自己的团队,对团队成员进行监督、指导、评价,同时也是该团队业务的负责人。按照过去的说法,管理岗位包括"组(系)长→科长→部长→董事"这种组织晋升构造中的各个岗位,现在则多以"unit leader""head manager""group leader""director"等英文单词来称呼。管理岗位的名称暂且不论,在组织中连接下属和上司的垂直线上,处于上司立场的就是管理岗位。

与之不同,专业岗位不一定处于上述垂直线上,该岗位的人一般从事高度专业化的工作。理科毕业生中从事研究或技术工作的人有很多,文科毕业生也可以在法律、金融、会计等领域运用高级专业知识从事高度专业化的工作。如果只从这个角度来说,那么可以认为专业岗位毫不逊色于管理岗位,但实际上日本企业的专业岗位工作者分为2类。

第一类是真正从事高度专业化的工作的人,比如研究开发者、法务、金融领域的基金经理、外汇交易员等,他们对企业来说非常重要,一般由擅长这些业务的人担任。在这些专业岗位上做出成绩的人还能得到很高的报酬。

第二类是在管理岗位的晋升竞争中失利的人,他们被赋予专业岗位的职称但未配备下属,表面上担任享受"部长待遇"、拥有"主管科长"头衔这一名义上的管理岗位,实则单打独斗。这些人的薪资待遇虽然比其他管理岗位低,但只要年功序列制还存在,就不会太低。

如上所述,我们明确了文理科毕业生的就业意向,以及专业岗位的定义和分类。表3-3显示了大学毕业生的岗位意向相关数据。理工科毕业生有本科毕业生和硕士·博士毕业生2种,理工科中有相当多的人是在硕士·博士毕业后进入企业工作的,所以这里对本科毕业生和硕士·博士毕业生进行分开统计。

表3-3　将来希望就职于管理岗位、专业岗位的人数比例①

单位:%

	文系出身者	理工系学部卒	理工系大学院卒
管理職として働きたい	51.6	30.7	30.2
専門職として働きたい	18.7	44.4	45.7

注:引自橘木·連合総合生活開発研究所(1995)。

由表3-3可以看出以下几点。

第一,文科毕业生中半数以上希望进入管理岗位,而希望进入专业岗位的只有18.7%。这里合计不到100%,是因为有人回答两者都不是,或者没有作答。文科毕业生压倒性地倾向于管理岗位,也就是说,文科毕业生希望得到晋升。为什么文科毕业生中希望从事专业工作的人很少呢? 前面说过,专业岗位分为2类,其中一类是在管理岗位的晋升竞争中失利的人所从事的岗位。因此,文科毕业生常常把专业岗位理解为因晋升竞争失败而被架空的岗位。

第二,理科毕业生中希望从事管理工作的人占30.7%,而希望从事专业工作的人占44.4%,后者占多数。理科毕业生所设想的专业岗位,是上述2类专业岗位中的第一类,也就是真正的专业岗位。以理工科毕业生为例,本科毕业生和硕士·博士毕业生在工作选择方面没有太大差异。总之,在此可以得到的结论是,比起从事管理工作,希望从事专业工作的理科毕业生的比例较高。但是,确实也有不少理科毕业生更倾向于从事管理工作,这一点也不容忽视。

接下来的关注要点是:日本工薪阶层是如何权衡成为管理人员的利弊的? 如果明确了这一点,就可以在很大程度上类推出为什么大部分理科毕业生不愿意从事管理工作,而倾向于从事专业工作。表3-4和表3-5对比了日本工薪阶级在晋升为管理岗位的魅力和负担两方面的评价,据此可以看出理科毕业生(本科和硕士·博士)与文科毕业生的区别。

---

① 表3-3中的日语「文系出身者」「理工系学部卒」「理工系大学院卒」「管理職として働きたい」「専門職として働きたい」的中译文分别为"文科毕业生""理工科本科毕业生""理工科硕士·博士毕业生""希望做管理岗位工作""希望做专业岗位工作"。

表 3-4　认为下列选项是晋升管理岗位的魅力的人数比例①

	文科系 出身者	理科系 学部卒	理科系 大学院卒
収入が増える	50.3	36.2	19.0
人の上に立てる	17.4	10.6	5.9
自分の裁量で仕事ができる	66.9	38.0	22.7
権限の大きな仕事ができる	64.6	30.7	19.6
企業経営により直接的に参加できる	53.4	26.0	15.5
自分の業績・能力が認められた証拠となる	36.4	25.2	14.1

注：引自橘木・連合総合生活開発研究所（1995）。

表 3-5　认为下列选项是晋升管理岗位后的负担的人数比例②

	文科系 出身者	理科系 学部卒	理科系 大学院卒
同僚との競争が厳しくなる	60.9	74.0	82.6
部下を管理するわずらわしさがある	59.5	81.0	89.2
労働組合員でなくなる	20.4	49.9	69.9
転勤など異動が多くなる	61.4	83.4	89.8
仕事に費やす時間が長くなる	63.2	83.4	91.2
仕事上の責任が重くなる	64.0	84.5	92.6

注：引自橘木・連合総合生活開発研究所（1995）。

从表 3-4 和表 3-5 中可以看出以下几点。

第一，与文科毕业生相比，对于理科毕业生来说，以上所有选项对于晋升管理岗位而言，魅力都不大。例如，他们在收入增加、地位在他人之上、工作裁夺自由、权限增大、更直接地参与企业经营、业绩和能力得到认可等方面感觉不到

① 表 3-4 中的日语「文科系出身者」「理科系学部卒」「理科系大学院卒」「収入が増える」「人の上に立てる」「自分の裁量で仕事ができる」「権限の大きな仕事ができる」「企業経営により直接的に参加できる」「自分の業績・能力が認められた証拠となる」的中译文分别为"文科毕业生""理科本科毕业生""理科硕士・博士毕业生""收入增加""地位在他人之上""能够自主决定工作""能够做权限较大的工作""可以更直接地参与企业经营""是对自身业绩和能力的认可的证明"。

② 表 3-5 中的日语「同僚との競争が厳しくなる」「部下を管理するわずらわしさがある」「労働組合員でなくなる」「転勤など異動が多くなる」「仕事に費やす時間が長くなる」「仕事上の責任が重くなる」的中译文分别为"和同事的竞争更加残酷""存在管理下属的烦恼""不再是工会成员""调职等调动增多""花在工作上的时间变长""工作的责任加重"。

太大的魅力。相反,文科毕业生认为这些方面都非常有魅力。只是,根据选项的不同,他们感受到的魅力的程度有很大不同。例如,文科毕业生中,对于"能够自主决定工作"和"能够做权限较大的工作"这2个选项,均有60%以上的人觉得有魅力,而对于"地位在他人之上"这个选项,只有17.4%的人觉得有魅力。

第二,对于文科毕业生认为有巨大魅力的选项,如"能够做权限较大的工作",理科本科毕业生中只有30.7%的人觉得有魅力,即使他们认为这对于今后的晋升来说是有帮助的,但也并不觉得有非常大的魅力。

第三,同样是理科毕业生,本科毕业生和硕士·博士毕业生中认为晋升有魅力的人所占的比例也不相同。具体来说,与本科毕业生相比,硕士·博士毕业生认为上述选项的魅力都比较小。认为有魅力的人的占比都不超过23%,可以说他们几乎感觉不到魅力。前面已提及,在管理岗位的取向方面,理科本科毕业生和理科硕士·博士毕业生没有明显差别,但是从表3-5中的具体选项来看,两者之间有相当大的差别。可以说前者是总体的概述,后者是具体的分析,这表明概述和分析之间存在着差异。

接下来,我们从晋升管理岗位后的负担方面对文科毕业生和理科毕业生进行比较。有几点比较有趣的结论。

第一,关于晋升管理岗位后有负担感的人的比例,理科毕业生比文科毕业生要高很多。特别是,除了"不再是工会成员"这一选项,均有70%以上的理科本科毕业生对于其他各选项的内容都感到有负担。

第二,在理科毕业生中,硕士·博士毕业生比本科毕业生感到有负担的人数占比稍高。这与前述感觉晋升管理岗位有魅力的人数的占比情况正好相反。也就是说,感到有魅力的人占比越高,感到有负担的人占比就越低。

第三,文科毕业生中认为晋升管理岗位有很大魅力的人占比很高,认为有负担的人的占比也很高,除了"不再是工会成员"这一选项,均在60%左右。理科毕业生如果觉得管理岗位有魅力的话就不会感到有负担,这是很自然的反应。但是,文科毕业生在感到管理岗位有魅力的同时也感到有负担,这与理科毕业生有着很大的差别。

理科毕业生和文科毕业生为何会有这种差异呢?解释这一问题的关键有以下几点。

文科毕业生如果能晋升到管理岗位的话,就会有很多利处,因此他们总是希望能升职。同时,他们也知道,晋升后同样会遇到各种各样的困难,所以会有负担感。话虽如此,这种负担感还是可以忍受的,也就是说,他们还是希望通过不断忍耐走上晋升之路。笔者认为可以这样理解他们的矛盾心理,但也许只是个人见解。

至于理科毕业生,他们预想到晋升到管理岗位后,在管理下属等方面可能会遇到身心难以承受的困难,因此表示不希望晋升。为了避免今后的压力,他们不愿选择升职,而是希望从事自己喜欢的专业工作。

为了从另一个角度分析文科毕业生和理科毕业生的不同,让我们根据表 3-6 来确认一下文科毕业生和理科毕业生各自感到有价值的工作方式。

第一,对理科毕业生来说,重要的选项是"分配到适合自己的工作""自己的工作成果得到上司和同事的认可""加薪""提高专业知识和技能"等。

第二,理科毕业生和文科毕业生之间差别较大的选项如下。文科毕业生认为更重要的是"在工作上被赋予更大的权力和责任""用心培养下属和接班人""带领部下,指挥整个职场的业务"这 3 项。对有管理岗位取向的人来说,这些都是非常重要的选项,由此可以清楚地看出文科出身等同于有管理岗位取向。令人感到意外的是,在理科毕业生认为比较重要的选项中,"能好好休假,恢复精神""工作以外有自己的兴趣爱好"这 2 项非常引人注目。理科毕业生比文科毕业生更讨厌成为一心为公司卖命的"打工人",他们并不认为工作才是生存价值。与理科毕业生相比,可以说文科毕业生更容易成为工作狂,其晋升速度也较快,成为公司董事的概率也更大。选择"提高专业知识和技能"这一选项的理科毕业生比例明显更高,特别是理科硕士·博士毕业生。

由这些情况可以看出,理科毕业生希望从事与自己的专长和专业相适应的工作,并不希望成为以升职为目标的工作狂。这些是专业人员特有的工作方式。有趣的是,虽然理科毕业生希望从事专业工作,但也希望获得较高薪资。这应该理解为,工作出色的专业人员有资格获得较高薪资。

另外,理科毕业生和文科毕业生在自己或他人的评价中,拥有怎样的特征呢?这一点可以从图 3-5 和图 3-6 中找到答案。图 3-5 和图 3-6 显示了在企业中因表现出色而晋升为董事的人对理科毕业生和文科毕业生的素质、人格等方面的评价情况。

表3-6　关于实现工作价值的各重要因素所占比例[1]

(%)

	文科系 出身者	理科系 学部卒	理科系 大学院卒
より権限と責任のある仕事が与えられる	63.7	41.6	46.4
自分の適性にあった仕事が与えられる	64.6	69.6	71.8
自分の企画・提案が採用される	53.9	49.8	55.2
自分に与えられた仕事をきちんとやりとげる	61	54.4	56.9
自分の仕事の成果が上司や同僚に認められる	58.9	56.8	59.1
賃金が上がる	58.5	58.7	53.6
役職が上がる	34.8	27.1	23.8
休暇がきちんととれ、リフレッシュできる	41.1	48.9	48.6
趣味など仕事以外にも生きがいを持つ	45.5	52.9	50.3
同僚と協力して仕事をやりとげる	41.3	35.3	35.9
仕事の進め方を自分で決めることができる	46.1	44.4	44.8
専門的な知識や技能を高める	46.5	55.9	65.2
部下や後輩をきちんと人材育成する	53.5	41.3	46.4
部下を統率し、職場全体の業務を指揮する	47.8	33.7	36.5

注：引自橘木・連合総合生活開発研究所（1995）。

公司董事是如何看待理科毕业生和文科毕业生之间的不同的呢？图3-5显示了公司董事们认为的理科毕业生优于文科毕业生的项目，并对回答"完全符合"和"比较符合"的董事人数所占比例进行了统计。从图3-5中可以看出以下几点。

---

[1] 表3-6中的日语「文科系出身者」「理科系学部卒」「理科系大学院卒」「より権限と責任のある仕事が与えられる」「自分の適性にあった仕事が与えられる」「自分の企画・提案が採用される」「自分に与えられた仕事をきちんとやりとげる」「自分の仕事の成果が上司や同僚に認められる」「賃金が上がる」「役職が上がる」「休暇がきちんととれ、リフレッシュできる」「趣味など仕事以外にも生きがいを持つ」「同僚と協力して仕事をやりとげる」「仕事の進め方を自分で決めることができる」「専門的な知識や技能を高める」「部下や後輩をきちんと人材育成する」「部下を統率し、職場全体の業務を指揮する」的中译文分别为"文科毕业生""理科本科毕业生""理科硕士・博士毕业生""在工作上被赋予更大的权力和责任""分配到适合自己的工作""自己的策划、方案被采纳""很好地完成自己的工作""自己的工作成果得到上司和同事的认可""加薪""升职""能好好休假，恢复精神""工作以外有自己的兴趣爱好""和同事合作完成工作""能自己决定工作如何推进""提高专业知识和技能""用心培养下属和接班人""带领部下，指挥整个职场的业务"。

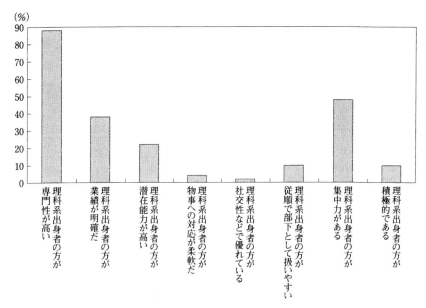

图 3-5 董事们认为的理科毕业生优于文科毕业生的项目①

注:引自橘木(1997)。

第一,理科毕业生与文科毕业生相比,最大的优点是专业性强,认为"理科毕业生专业性更强"的董事占 88.2%。理科毕业生中硕士·博士毕业生比较多,在企业中从事的大多是专业性较强的工作,所以这是必然的答案,也符合理科毕业生多倾向于从事专业工作的特质。

第二,紧随其后的是"理科毕业生具有更强的专注力",认为该项的董事占47.5%。众所周知,专业性强的岗位往往需要从业者有较强的专注力。例如,在研究室的研究工作中,常常需要研究者在短时间内高度专注地顺利完成实验。适合此类工作的大多是理科毕业生。规范性业务较多的行政岗位也需要从业者有较强的专注力。由于理科毕业生的专注程度更高,因此理科毕业生多被认

---

① 图 3-5 中的日语「理科系出身者の方が専門性が高い」「理科系出身者の方が業績が明確だ」「理科系出身者の方が潜在能力が高い」「理科系出身者の方が物事への対応が柔軟だ」「理科系出身者の方が社交性などで優れている」「理科系出身者の方が従順で部下として扱いやすい」「理科系出身者の方が集中力がある」「理科系出身者の方が積極的である」的中译文分别为"理科毕业生专业性更强""理科毕业生业绩更显著""理科毕业生潜力更大""理科毕业生应变能力更强""理科毕业生社交能力更强""理科毕业生性格随和,易于管理""理科毕业生具有更强的专注力""理科毕业生更积极进取"。

为具有较强的专注力。

第三,有38.6%的董事认为"理科毕业生业绩更显著",这一比例也较高。这是因为,对于开发新软件、新技术、新产品的研发人员或从事研究工作的科研人员,根据他们的研究论文的质和量,比较容易评定其业绩。从事此类工作的大多也是理科毕业生。

接下来,我们来看一下董事们认为的理科毕业生相较于文科毕业生处于劣势与事实不符的项目,具体如图3-6所示。

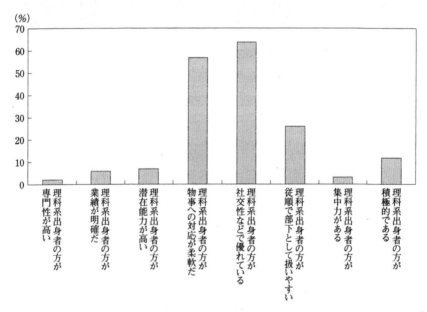

图3-6 董事们认为的理科毕业生相较于文科毕业生处于劣势或与事实不符的项目[1]

注:引自橘木(1997)。

第一,令人印象深刻的是,董事们普遍不认为"理科毕业生社交能力更强",占比达63%。从事专业性较强工作的人,往往给人一种强烈的"宅男"印象,按照现代流行的说法,就是他们缺乏社交能力。

第二,认为"理科毕业生应变能力更强"不符合事实的董事占比第二高。也就是说,人们普遍认为文科毕业生头脑相对灵活,理科毕业生头脑相对呆板。

---

[1] 图3-6中的日语关键词的中译文同图3-5。

例如，在销售部门或其他部门承担与人打交道较多的工作的毕业生，如果思维僵化，工作自然很难推进。有文科毕业生做对比，人们自然认为理科毕业生缺乏灵活性。

第三，占比排在第 3 位的是，认为"理科毕业生性格随和，易于管理"不符合事实。这与前面提到的灵活性有关。理科毕业生常被认为头脑呆板，因此作为下属，工作时也很可能不服从领导安排。从管理者的角度来看，他们自然不喜欢不服从命令、态度强硬的下属，而理科毕业生中这样的人比较多。

以上关于理科毕业生的性格和生活方式的评价，多少有些偏向否定的因素，但这只是从工作的角度来说的，并不是否定个人的性格。前面提到过，理科毕业生不擅长社交是缺点，但也有人认为善于交际往坏处说就是轻浮，说到底，这里说的优势指的是在商业社会中的优势。另外，反过来说，与善于交际相对应的是沉稳内敛，很多人都认为沉稳内敛是一个优点，这里笔者想强调的是，对于人的性格的好坏，我们很难简单地做出判断，因为它还依赖于人们的喜好。

由此我们可以了解到在企业社会中文科毕业生比理科毕业生在晋升方面的优势所在。想要成为管理人员，不一定需要高度的专业性，也不一定需要时刻保持高度的专注力。并且，很多人从事的工作很难评定业绩。另外，从性格上看，社交能力强、灵活性高、温顺随和的人更被看好。因此，比起理科毕业生，文科毕业生更符合管理岗位的要求。这些正是图 3-6 所示的理科毕业生与文科毕业生相比处于劣势的几个有力理由。

以上，我们基于员工一方的原因考察了理科毕业生与文科毕业生相比在企业中不易得到晋升，即很难晋升到管理岗位的状况。理科毕业生对管理岗位没有强烈的渴望，他们的专业指向性很强。这是因为理科毕业生有较强的专业技能，而且历来被认为不适合担任管理职务，当然其中也有本身不愿意担任辛苦的管理职务的人。但是，也有一部分理科毕业生希望进入管理岗位，他们希望获得高薪，这一点也值得注意。

二、企业一方的原因

企业给理科毕业生的待遇如何？关于薪资待遇，前文已说过理科毕业生的薪资比文科毕业生低，所以在此主要讨论与晋升相关的问题。如前所述，如果理科毕业生对晋升没有强烈的渴望的话,那么可以将其安排到非管理岗位,或者减缓其晋升的速度,但在此我们想阐述的是,企业组织自身没有形成让理科毕业生晋升的结构。简单地说,就是企业组织中没有足够多的岗位,难以让较多理科毕业生担任管理人员。

以下资料就足以证明这一点。图3-7显示了公司董事负责的业务和承担的经营责任。

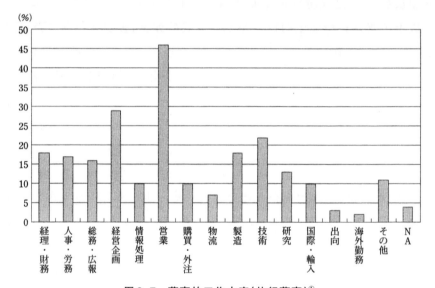

图3-7　董事的工作内容(执行董事)①

注:①引自橘木(1997)。
　　②存在一名董事同时担任多个职务的情况,所以合计不是100%。

据此可知,在董事负责的业务中,销售占比最高,在45%以上。接下来依次是经营企划(28.7%)、技术(21.1%)、制造(18.2%)。另外,会计·财务、人事·劳务、总务·宣传均占15%左右。其他部门可能会同时有理科、文科出身的董事,但因为比例较低,在此忽略不计。

---

① 图3-6中的日语「経理・財務」「人事・労務」「総務・広報」「経営企画」「情報処理」「営業」「購買・外注」「物流」「製造」「技術」「研究」「国際・輸入」「出向」「海外勤務」「その他」的中译文分别为"会计·财务""人事·劳务""总务·宣传""经营企划""信息处理""销售""采购·委托生产""物流""制造""技术""研究""国际·进口""分公司等的借调""派驻海外工作""其他"。

在这些负责人中,理科毕业生就职于技术和制造部门,他们加上一部分经营企划负责人(这里把经营企划负责人的一半视为理科毕业生),合计约占54%。文科毕业生大部分担任销售、会计、人事、总务等职位,合计约为104%。这里,理科和文科合计超过100%,是因为存在一名董事同时担任多个职务的情况。虽然这里没有显示数据,但是我们知道建设业、金融保险业、不动产业、服务业的销售负责人超过了50%。在制造业中,制造负责人占30.8%,技术负责人占27.7%,二者占比都不低,但销售负责人占比更高,为35.6%。

归纳起来,在日本企业的三大支柱(商品制造、商品销售和组织管理)中,商品销售和组织管理占了很大比重。不过,对于制造业来说,虽然商品制造是最重要的,但商品销售和组织管理的重要性也不低。可以这样理解,在日本企业组织内部,商品销售和组织管理工作的重要性很高,负责这些业务的董事的比例也相当高。

一名董事之下设有部长、课长、组(系)长等管理岗位,这些管理人员在该董事的监督下从事相同的业务。例如,如果该董事是销售负责人,那么其下设的中层管理人员也从事销售工作。也就是说,如果董事中从事商品销售、组织管理工作的人数量较多,那么意味着这些董事下设的中层管理人员数量也较多。可以认为,中层管理人员大多从事商品销售和组织管理这2项业务。

从事上述2项业务的人大部分是文科出身,因此可以认为管理人员大多是文科出身。虽然也有理科出身的销售人员和组织管理人员,但其大部分还是文科毕业生。在此笔者想说的是,管理岗位大多由文科毕业生担任是日本企业组织的一大特色。反过来说,可由理科毕业生担任的管理岗位数量是有限的。

最后,我们来简单看一下公务员的情况。由于公务员包括警察、自卫队员、教员、普通职员等,其业务范围非常广泛,要讨论理科和文科的区别实在过于复杂。而且,中央和地方的差异也很大。因此,这里不对公务员进行概括性论述。由于前面论述过中央政府机关的副部长、局长等高层管理人员的情况,在此仅考察这些岗位。

如前所述,中央政府机关的主要工作包括制定法律和条例、制定国家基本政策、制定国会对策等。这些岗位大多可以由文科毕业生担任。特别是法规和条例的起草、制定是法学专业毕业生最擅长的,正如前面强调过的,这也是文科毕业生中法学专业的人占比较大的原因。总之,可以确定这里所说的工作多半是文科毕业生擅长的。

当然，在国土交通省、厚生劳动省、农林水产省等部门，可由理科毕业生担任或者必须由理科毕业生担任的岗位有很多，这种情况下自然由理科毕业生担任管理岗位。但是，如果是制定法律和条例这样的工作，理科毕业生最多也只能提供专业性的建议，而文科毕业生，特别是法学专业毕业生就不同了，他们往往会被优先推上管理岗位。另外，在与政治家和媒体的沟通方面，文科毕业生也具有优势。

综上所述，在中央政府机关中，文科毕业生（即事务官）所能担任的岗位原本就比理科毕业生（即技术官）多。如果担任科长级别的职位的人中文科毕业生比较多，而晋升为局长、副部长的人是从这些人当中选拔出来的，就会形成中央政府机关的组织高层中文科毕业生占主导的情况。

第4节　理科中的医学部是个特别的存在

或许是大家都知道理科毕业生在收入和晋升方面处于劣势吧，理工学部的人气有所下降。前一段时间，媒体报道了东大工学部的电气工学专业校内的升学志愿计划人数未招满的新闻，这是首次在工学专业较强的学科中出现这种情况。不仅是东大，很多国立、私立大学理工学部的考生都在减少。据说，不仅理科的报考人数在减少，考生的学力也在下降。

但医学部是个例外。在报考理科的考生中，学力强的考生在争相报考医学部。为了证明这一点，我们可以用表3-7中的偏差值来确认理工学部和医学部入学考试的难度。为便于比较，我们随机选取了同时设有理学部、工学部、农学部及医学部的国公立大学和私立大学。也就是说，医科大学因为没有其他专业而被排除在外。

从表3-6中可以看出，在所有大学中，医学部的偏差值远远高于理学部、工学部和农学部。因为有10—25分的差距，所以即使是同一所大学，不同学部入学考试的难度也会有很大的差异。虽然表3-6中没有显示所有大学医学部的偏差值，但还是可以看出医学部的偏差值比其他专业要高很多。日本的大学的医学部吸引了大批优秀的学生。

为什么医学部如此受欢迎呢? 擅长数学、物理、化学、生物等理科科目的学生都集中在医学部,这不禁令人感叹,本来可以选择理学部、工学部、农学部等学部的人才都被医学部抢走了。当然,学生在进入大学后还会接受教育和训练,所以仅凭偏差值并不能确定其毕业后成为职场人的能力和业绩。并且,职场人的实力不能只凭学力来衡量。说到底,这只是根据大学入学时的学力进行的评价。

表 3-7　理工学部和医学部的入学考试难易度[①]

【国立大学】	大学	理	工	農	医
1	北海道大学	62	59	65	77
2	東北大学	63	63	63	78
3	千葉大学	61	58	58(園芸)	76
4	東京大学	78	78		86
5	信州大学	52	49	51	75
6	京都大学	74	72	71	84
7	大阪大学	67	66		83
8	神戸大学	62	62	63	77
9	岡山大学	55	54	55	77
10	鹿児島大学	50	47	53	74
【公立】	大阪市立大学	57	59		76
【私立大学】	大学	理	工	農	医
1	慶応大学	70	70		83
2	日本大学	52	52		70
3	東海大学	44	43		69
4	近畿大学	51	51	55	72

注:引自《2008 年度大学排名》,2008 年。

　　医学部受欢迎的原因如下。

---

① 表 3-7 中的日语「国立大学」「大学」「理」「工」「農」「医」「北海道大学」「東北大学」「千葉大学」「園芸」「東京大学」「信州大学」「京都大学」「大阪大学」「神戸大学」「岡山大学」「鹿児島大学」「公立」「大阪市立大学」「私立大学」「慶応大学」「日本大学」「東海大学」「近畿大学」的中译文分别为"国立大学""大学""理学部""工学部""农学部""医学部""北海道大学""东北大学""千叶大学""园艺""东京大学""信州大学""京都大学""大阪大学""神户大学""冈山大学""鹿儿岛大学""公立""大阪市立大学""私立大学""庆应义塾大学""日本大学""东海大学""近畿大学"。

第一,如果成为医生,就能获得相当高的收入。高中生很难从数字上准确地掌握这个事实,但他们知道自己身边的医生收入高,住豪宅,医生的孩子能切实感受到生活富足无忧。

让我们用数字来确认一下。表3-8显示了几种职业的生涯薪资和年收入情况。由表3-8可知,医生(这里指执业医生)的生涯薪资很高。理工科出身的公司职员的代表职位是系统工程师,生涯薪资为2.5亿日元,而执业医生的生涯薪资为4.8亿日元,大约是前者的2倍。从表3-8中也可以看出医生的年收入之高。

表3-8　不同职业的收入差距①

生涯賃金	システム・エンジニア	2億5000万円
	勤務医	4億8000万円

年収	システム・エンジニア	557.7万円
	自然科学系研究者	604.2万円
	医師	1,101.2万円
	看護師	465.2万円
	百貨店店員	335.1万円
	調理師	347.8万円
	航空機操縦士	1,295.5万円
	製鋼工	522.5万円

注:引自 *President*,2007 年 12 月 3 日。

据报告统计,同为医生,个体开业医生的年收入要比执业医生高很多。中等规模的公立医院院长的年收入为1960万日元,执业医生的年收入为1420万日元,而个体开业医生的年收入最高,为2532万日元,这个数据让人有些出乎意料。橘木·森(2004)根据所得税统计指出,日本超富裕阶层(年收入在1亿日元以上的人)中15%是医生(大部分是个体开业医生)。在日本占比最高的高收入人群是企业的创业经营者,他们大多居住在大城市,与此相反,个体开业医生大多居住在地方。以上分析可以概括如下:在日本,医生,特别是开业医生的收入非常高。

第二,医生因救死扶伤、治疗病患、进行基础医学的研究而受到人们的敬

---

① 表3-8中的日语「生涯賃金」「システム・エンジニア」「勤務医」「～億」「～万円」「年収」「自然科学系研究者」「医師」「看護師」「百貨店店員」「調理師」「航空機操縦士」「製鋼工」的中译文分别为"生涯薪资""系统工程师""执业医生""～亿""～万日元""年收入""自然科学系研究者""医师""护士""百货商店店员""厨师""飞行员""制钢工人"。

重。医生这份职业确实是受人尊敬的职业，自然会受到很多年轻人的追捧。

第三，因为上面提到的2点原因，很多医生的子女都希望成为医生。实际上，在就读医学专业的学生中，有相当高的比例是医生的子女。有一种说法是，在就读医学专业的学生中，医生的子弟约占40%。这样一来，会使一部分年轻人强烈希望进入医学部就读，这样就会在高中生之间掀起一股"医学部热潮"。

第四，在并不是强烈希望成为医生的高中生中，也有一些学力强的人在参加考试时，以考上偏差值非常高的医学部为第一目的。换句话说，于他们而言，突破难关是唯一的目的，以后从事什么工作是次要的。这样的考生虽为数不多，但确实存在。

我们已经弄清楚了很多优秀的高中生报考医学部的原因，下面来思考一下这种情况对社会的影响。正如前面所强调的，仅以偏差值的高低来衡量一个人的能力或预测其未来未免过于片面，在理解这一点的基础上，我们再来探讨一下医学人才分布不均的情况。

医生的工作关系到人的生命，没有很强的学力就难以理解复杂高深的医学领域的知识，所以能力强的人以医学部为目标这一点是很正常的。向他们支付高额报酬也是合情合理的。但是，擅长理科的人可活跃的领域并不仅限于医学，数学、物理、化学、生物等基础科学领域也需要能做出优秀研究成果的人才。在工学和农学领域努力开发新产品和新技术，使人类生活更加丰富、更加便利的技术人员也是不可或缺的。现在，日本的年轻人才在医学领域过于集中，而在医学以外的理科领域出现了人才短缺现象。其主要原因之一是，医生的人生一帆风顺，而非医生的理科毕业生境遇不佳。

第5节　有相关政策吗

在医学以外的理科领域，有没有吸引优秀年轻人的政策呢？如何让理学、工学、农学等专业领域的研究者的生活少些不满呢？笔者想就此展开论述。在小学、初中、高中的教育阶段，改善教育方法，让学生对理科和数学更感兴趣也是非常重要的，不过这些问题就交给专业的教育学专家了。在这里，我们仅围绕理科毕业生的待遇问题进行讨论。

第一，从各产业的平均薪资来看，众所周知，制造业的平均薪资要比一部分金融服务业低很多。这是一个理科毕业生居多的产业，如果继续这样下去，就很难吸引优秀的理科人才了。因此，制造业整体需要努力提高平均薪资。

第二，比起管理岗位，理科毕业生更想担任专业岗位，但无论是在企业还是在政府机关，专业岗位的待遇都要比管理岗位差一大截，所以专业岗位的薪资一般会比管理岗位低。这样一来，从事专业岗位的人的工作欲望就会减退。因此，有必要进一步提高专业岗位人员的薪酬。

第三，对于专业岗位人员，应更加明确以能力、业绩为导向的评价制度，向做出优秀业绩的人支付较高的薪资，甚至可以比管理岗位人员高很多。有能力的专业人员在研究开发领域发挥的作用越来越大，他们对社会和企业的贡献度也越来越高。通过新产品和新技术的开发，有些企业的业绩取得了显著提升。应该对做出贡献的理科毕业生多加奖励，在提高他们的积极性的同时，更重要的是给予他们梦想和希望。当然也有失败的时候，这时应该给他们再次挑战的机会。

第四，理科毕业生中也有3成左右的人倾向于担任管理岗位。企业和政府部门有必要发掘这些人，给他们提供和文科毕业生一样的机会，让其在晋升的道路上展开竞争。不必拘泥于理科特有的业务，也可以让他们从事销售、会计、人事、总务等文科特有的业务。理科毕业生能够从事与其所学专业完全不同的工作，而文科毕业生很难做到这一点。当理科毕业生意识到自己处于得天独厚的可以选择的立场时，就会提升勇气和自信。

第五，在大学学习中，理科生需要完成实验研究，他们需要比文科生更加努力学习。反过来说，在理科生看来，文科生不必刻苦学习，他们的学生生活比较轻松愉快。如果学生只想享受大学生活，那么可能会对报考理科有些退缩。因此，大学有必要对文科生加以引导，使他们更加努力地学习。

第六，同样的道理也适用于入学考试。由于理科的入学考试科目比文科多，因此考生报考应试负担较轻的文科的意向更强。应该使高考科目实现文理科无差别，这一点可以通过增加文科考试科目来实现。顺带提一下，在少子化时代，各大学，特别是私立大学为了确保生源，正在减少入学考试的科目，这极有可能导致高中生和大学生的学力下降，因此不是良策。

第七，国公立大学可能没有这种情况，但在私立大学，理科的学费要比文科高。理科教学成本较高,这样做也是不得已的事情。因此,有必要让政府增加对理科的资金补助,以缩小文科和理科之间的学费差距。

类似的做法也适用于硕士·博士研究生教育。在理科中,硕士·博士研究生学历很普遍,这是因为在现代社会,理科生需要有高学识。从培养技术和研究人才的角度来看,攻读硕士·博士学位时的学费都由学生承担是不合理的,应该强化硕士·博士奖学金制度等学费支援政策。

第4章　大学专业选择的要因分析

第1节　什么样的人选择理工科专业

对于高中毕业后升入大学的学生来说,不仅要面临选择大学的问题,还要面临选择专业的问题。本章重点关注学生的专业选择问题。在专业选择上,现在普遍有远离理工科的倾向。远离理工科由来已久,并且这种倾向还在不断加剧。应如何改变这种状况呢?虽然政府采取了一些防止远离理工科的措施,但收效甚微。

在第3章中,我们分析了理工科毕业生在仕途上处于不利地位的原因。如此情况下,到底什么样的人会选择理工科专业呢?说到底,人们是根据什么因素来决定自己的专业的呢?毋庸置疑,人们会根据自身爱好和梦想来选择专业。一般来说,人的爱好和梦想会受到其从小学开始的学校教育、家庭环境、父母属性等因素的影响。因此,本章将分析家庭环境和父母属性等因素对子女的专业选择产生的影响。

本章首先使用宏观数据分析就读各专业的学生人数的变化,然后以大学生为对象进行问卷调查,并分析他们选择专业的原因,最后通过网络问卷调查,考察受访者的父母属性、家庭环境等因素对受访者自身选择专业产生的影响,以及受访者的属性、家庭环境等因素对其子女的专业选择产生的影响。由此可以分析影响父母、受访者、子女三代人的专业选择的因素。

第2节　文献综述

以往研究中几乎没有从父母的阶层、属性及家庭环境的角度分析影响子女选择专业的因素的。不过,在教育社会学领域,存在聚焦于学历和社会阶层的以往研究。这些研究重点关注了父母的收入、社会阶层与子女学历的相关性。

岩村(1996)着眼于各个专业,计算了几所大学和专业的收益率。结果证实,文科生通过进入大学获得的期待收益率较高,而理科生虽然比文科生的期待收益率低,但方差较小。原・松繁・梅崎(2004)以文学专业女生为对象,使用赫克曼二阶段法分析了学生的就业选择和工资问题。另外,针对医学专业的主要研究如下:Nicholson(2002a、2002b)的研究证明,各科室的预期收益率会影响美国医学院学生对科室的选择。Gagne and Leger(2005)以加拿大医生为对象,分析了不同科室的收入差异对科室选择的影响。在日本,医生的收入因诊疗科目的不同而有很大的差异(橘木·森,2005),如眼科、美容整形科、糖尿病科等科室收入明显高于其他科室。

与上述研究不同,本章拟证明家庭环境对专业选择产生的影响,并通过验证这一点,来探讨下面的命题:父母的阶层会影响子女的学校选择,并且在专业选择上,也存在着亲子间的传承。

第3节 专业选择的整体倾向

图4-1显示了各年度各专业的大一学生人数。其中,人数明显在减少的是经济学、工学和法学专业。经济学专业1996年有148,288名大一学生,2005年只有120,961名,减少了近20%。同样是从1996年到2005年,法学专业大一学生人数减少了近20%,工学专业大一学生人数减少了10%。从图4-1中可以看出,学生并没有从工学专业流入社会科学相关专业,社会科学相关专业也同样在为学生减少而烦恼。法学、经济学、工学专业的毕业生大多会成为工薪阶层,而经济不景气致使这些专业的毕业生就业困难,这也是这些专业学生人数减少的原因之一。至于人文专业、理学专业,学生人数则没有太大的变化。与此相反,护理专业和归属于其他专业的综合科学、国际关系等专业的人数还在增加。

总之,《学校基本调查报告》的统计数据显示,不仅是工学专业,法学、经济学专业等社会科学相关专业也出现了学生减少的倾向。与之相反,呈现出增加趋势的是护理专业、综合科学和国际关系等专业,可见应用学科和跨学科专业越来越受欢迎。不过,该数据只能说明学生就读于什么专业,而无法说明学生到底是基于什么样的理由选择大学和专业的。因此,我们拟在第4节对大学生选择专业的理由进行问卷调查,并按专业对问卷结果进行分析。

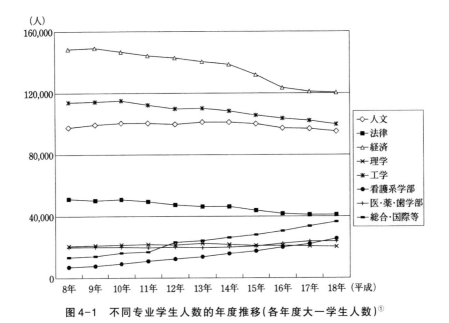

图 4-1 不同专业学生人数的年度推移（各年度大一学生人数）①

第 4 节 大学和专业选择的要因

　　大学生是根据什么条件选择专业的呢？下面我们结合日本倍乐生公司 2001 年的《大学满意度调查》中的数据（回答数 $n=1,515,495$）对此进行分析，结果如表 4-1 所示。

　　呈显著性的是经济学部。经济学专业学生选择自身就读大学的理由有入学考试难易程度适当（A.重视入学考试条件）、有深厚底蕴和较高知名度（C.优先考虑学校形象）、就业情况良好（D.优先考虑实际利益）、能够走读（E.重视地理位置）等，选择这些选项的经济学专业学生比其他专业多。而选择想学习的知识领域（B.重视学习条件）这一选项的经济学专业学生人数在所有专业中是最少的。与其他专业学生相比，认真思考过考入经济学专业后具体要学习什么

---

① 图 4-1 中的日语「人」「人文」「法律」「経済」「理学」「工学」「看護系学部」「医·薬·歯学部」「総合·国際等」「平成 8 年」的中译文分别为"人""人文专业""法律专业""经济学专业""理学专业""工学专业""护理专业""医·药·齿专业""综合科学、国际关系等专业""1996 年"。

的人非常少,他们反而是将升学策略、大学知名度、毕业后的出路等作为选择专业的重要因素。

表4-1 大学生专业选择的理由①

		全体	人文	社会	法	経済	外語	国際	教育	生活	総合	芸術	保健	医歯	薬	理	工	農水
A	入試条件重視	130	123	105	148	158	111	115	119	97	127	80	86	143	102	138	152	141
	1 入試難易度	80	76	68	94	97	60	64	75	51	73	38	49	88	56	80	100	89
	2 入試科目	50	47	37	54	61	51	45	45	46	54	42	37	54	46	58	51	51
B	学びの条件	269	283	307	209	162	323	309	282	359	287	383	379	306	362	272	229	291
	3 専攻したい学問分野	150	165	189	116	71	231	212	149	191	185	222	136	129	123	175	150	202
	11 施設・設備	18	12	16	18	20	18	28	3	13	20	22	41	8	17	20	25	13
	4 有名な教授	7	6	5	10	5	8	10	5	9	9	33	5	3	9	8	9	9
	5 専攻したい	9	10	9	6	5	19	15	9	2	15	38	9	4	5	14	9	14
	10 大学院	2	2	1	1	1	0	0	1	2	1	2	2	2	2	8	5	5
	17 取りたい資格	49	43	47	11	11	16	19	97	122	25	18	170	150	203	11	17	22
	8 校風	34	46	40	48	49	31	30	18	21	33	48	12	9	8	30	20	26
C	イメージ優先	70	70	67	103	105	49	65	49	37	68	83	24	50	24	69	76	60
	7 伝統や知名度	37	38	35	62	60	24	30	21	22	34	48	9	16	10	33	39	32
	6 総合大学	18	15	14	22	22	10	22	7	3	16	22	10	31	10	23	27	18
	12 イメージ	15	17	18	19	24	15	13	21	11	18	13	5	3	4	13	10	10
D	実利優先	44	34	38	40	65	42	25	56	33	13	13	50	45	52	40	56	34
	9 就職状況	18	11	17	21	33	8	11	6	22	14	4	23	11	29	11	27	8
	16 授業料が安い	26	22	21	21	32	35	14	50	10	9	9	27	34	24	29	29	26
E	ロケーション重視	82	85	79	95	105	72	83	89	73	79	39	55	53	59	76	83	73
	13 自宅から通える	58	63	60	68	75	47	53	63	50	56	19	43	36	42	50	55	49
	18 親元から離れられる	15	13	13	14	17	17	20	18	11	14	11	10	11	9	17	18	18
	14 都会にある	9	9	6	13	13	8	9	7	11	9	9	2	6	8	10	10	6
その他		4	5	3	5	5	3	3	5	1	5	2	6	3	2	5	5	2
	15 サークル	3	4	3	4	4	3	3	4	1	4	1	4	2	1	4	3	2
	17 公的・私的奨学金	1	1	1	1	1	1	1	1	0	1	1	1	1	1	0	2	0

注:①引自ベネッセコーポレーションベネッセ教育総研(2004)。

②表格中的数值是按重视的顺序将第1选择的选择率加3倍、第2选择的选择率加2倍、第3选择的选择率加1倍所得的合计点。加底纹的数据在总计值的+20%以上。

我们再来看一下其他专业的情况。能否拿到自己想要的执业证书和职业

---

① 表4–1中的日语「全体」「人文 社会」「法 経済」「外語 国際」「教育 生活」「総合 芸術」「保健 医歯 薬」「理 工 農水」「入試条件重視」「入試難易度」「入試科目」「学びの条件」「専攻したい学問分野」「施設・設備」「有名な教授」「専攻したい」「大学院」「取りたい資格」「校風」「イメージ優先」「伝統や知名度」「総合大学」「イメージ」「実利優先」「就職状況」「授業料が安い」「ロケーション重視」「自宅から通える」「親元から離れられる」「都会にある」「その他」「サークル」「公的・私的奨学金」的中译文分别为“整体”“人文 社会”“法 经济”“外语 国际”“教育 生活”“综合 艺术”“保健 医齿 药”“理 工 农水”“重视入学考试条件”“入学考试难易程度”“入学考试科目”“重视学习条件”“想学习的知识领域”“设施・设备”“有名的教授”“想学习”“研究生院”“想取得的资格”“校风”“优先考虑学校形象”“底蕴和知名度”“综合大学”“形象”“优先考虑实际利益”“就业情况”“学费低”“重视地理位置”“能够走读”“不在父母身边”“在城市”“其他”“社团”“公共和私人奖学金”。

资格证书,是保健、医学、药学、教育、生活专业的大部分学生最在意的因素。考进这些大学和专业的学生,一般会以取得护士、医生、药剂师、教师、营养师等相关职业资格证书为目标。法学专业的学生和经济学专业的学生一样,选择"C.优先考虑学校形象"的人数也较多,但和经济学专业不同的是,他们没有"A.重视入学考试条件"和"D.优先考虑实际利益"的倾向。

本章的研究课题之一是分析学生不愿选择理科的原因。在此,我们先来考察一下大学生选择工学专业和理学专业的原因。首先,工学专业和经济学专业一样,认为入学考试难易度适当的人数和其他专业相比还是更多的,可以看出学生将确保能考上大学作为重要考量因素。另外,和经济学专业一样,认为就业情况良好的人数也较多,学生将毕业后的出路也作为选择专业的重要因素。也就是说,经济学专业学生和工学专业学生都很重视升学策略和大学毕业后的就业条件。

但是,选择经济学专业的学生和选择工学专业的学生也有不同之处。如前所述,选择经济学专业的学生重视底蕴和知名度(C.优先考虑学校形象),而选择工学专业的学生注重大学课程内容,以及设施·设备等可保证学习质量的条件。理学专业学生在学习条件中,比起设施·设备,更重视想学习的专业领域和有名的教授。总而言之,工学专业学生重视教育设施等硬件条件,理学专业学生则重视师资等软件条件。

第5节　家庭环境因素如何影响专业选择

前面通过对大学生的问卷调查,分析了大学生自身选择专业的理由。由于只是直接询问大学生选择专业的理由,而没有考察其背后的家庭环境等要素,因此下面将结合《关于阶层化日本社会的问卷调查》中的数据,考察家庭环境等因素对大学生专业选择产生的影响。

这里的数据在第1章中也使用过,为2004年度科学研究经费资助金项目[基础研究(A)《格差的代际转移与意愿促进型社会体系研究》(项目负责人:橘木俊诏)]中的《关于阶层化日本社会的问卷调查》的数据。

本章将重点考察在什么样的家庭环境中成长的大学生会选择学习理科这一问题。因此,我们将样本限定为大学及以上的人,将被解释变量理科专业和医学专业等用多分类 logistic 回归分析进行估算。多分类 logistic 回归分析是指在存在 3 个或 3 个以上的被解释变量，且不分先后排列时使用的分析方法。本章中的被解释变量有人文社会专业、理工专业、医学专业 3 个，因为它们排序不分先后，所以我们使用这种方法进行分析。

这里先对多分类 logistic 回归分析进行说明。由样本 i 选择选项 j 所产生的效用可以用以下公式表示：

$$U_{ij} = x'_i \beta_j + \varepsilon_{ij}$$

在本案例中，选项为选择人文社会专业、选择理工专业、选择医学专业 3 项，$j=0,1,2$。样本 i 选择 $j=2$ 的概率为：

$$Pr(y_{i2} = 1) = Pr(x'_i \beta_2 + \varepsilon_{i2} > x'_i \beta_0 + \varepsilon_{i0}, x'i \beta_2 + \varepsilon_{i2} > x'_i \beta_1 + \varepsilon_{i1})$$

多分类 logistic 回归分析采用了第一种极值分布，如下：

$$Pr(y_{i2} = 1) = \frac{e^{x'_i(\beta_2 - \beta_0)}}{1 + e^{x'_i(\beta_1 - \beta_0)} + e^{x'_i(\beta_2 - \beta_0)}}$$

我们可以通过设置对数似然函数求出最大似然来计算参数 β。

解释变量包括男性（虚拟变量）、年龄、父亲和母亲的学历和专业、父亲和母亲的职业、15 岁时的阶层意识、小学阶段对数学的好感度、小学时的一般成绩。关于父亲和母亲的职业，可设定问题为"请回忆你初三时，父母的职业是以下哪一种"，设定选项为"1. 专业型职业（医生、律师、教师）；2. 技术型职业（工程师）；3. 管理型职业（科长以上职务）；4. 事务、营销型职业（一般事务）；5. 销售型、服务型职业（店主、店员）；6. 技能型、劳务型、操作型职业（工人、警察）；7. 艺术型职业（作家、音乐家、画家）；8. 农林渔业；9. 其他"。将其中的"1. 专业型职业（医生、律师、教师）""2. 技术型职业（工程师）""3. 管理型职业（科长以上职务）"设定为白领（虚拟变量）。

关于对数学的好感度，可设定问题为"你小时候（小学五六年级的时候）喜欢数学吗"，设定选项为"1. 非常喜欢；2. 还算喜欢；3. 不好说；4. 不太喜欢；5. 讨厌"。我们将这个变量的数值逆向排序。因此，数值越高，就意味着越喜欢数学。关于小学时的一般成绩，可设定问题为"小学五六年级的时候，你的成绩在班里是什么程度"，设定选项为"1. 前列；2. 中等偏上；3. 中等；4. 中等偏下；5. 倒数"。和上面一样，我们将数值逆向排列。因此，数值越高，就意味着成绩越好。描述统计量如表 4-2 和表 4-3 所示。

表 4-2 描述统计量 1[①]

	男性		女性	
	平均	標準偏差	平均	標準偏差
理系	1.512	0.560	1.269	0.533
男性	1.000	0.000	0.000	0.000
年齢	36.208	12.068	37.702	11.837
長子ダミー	0.598	0.491	0.60	0.490
父親理系	0.147	0.354	0.196	0.397
母親理系	0.034	0.182	0.024	0.152
大卒（父親）	0.386	0.487	0.460	0.499
大卒（母親）	0.147	0.354	0.172	0.378
ホワイトカラー（父親）	0.438	0.496	0.516	0.500
ホワイトカラー（母親）	0.082	0.274	0.115	0.319
15歳時社会階層	3.020	0.917	3.324	0.922
小学生のときの算数好感度	3.922	1.159	3.781	1.247
小学生のときの成績	4.225	0.990	4.466	0.791
サンプルサイズ	907		506	

表 4-3 描述统计量 2[②]

	男性		女性	
	平均	標準偏差	平均	標準偏差
理系	0.309	0.462	0.310	0.463
男性	0.601	0.490	0.511	0.501
子どもの数	2.115	0.690	2.322	0.541
ホワイトカラー（父親）	0.404	0.491	0.377	0.485
ホワイトカラー（母親）	0.092	0.289	0.072	0.259
世帯所得	2.021	0.560	1.993	0.584
短大卒（父親）	0.054	0.227	0.039	0.193
大卒（父親）	0.439	0.497	0.460	0.499
短大卒（母親）	0.240	0.428	0.235	0.425
大卒（母親）	0.200	0.401	0.202	0.402
都市居住	0.218	0.414	0.202	0.402
小学生のときの算数好感度	3.662	1.174	3.745	1.158
小学生のときの成績（一般的）	4.045	0.984	4.133	0.936
サンプルサイズ	514		329	

① 表4-2中的日语「男性」「平均」「標準偏差」「女性」「理系」「年齢」「長子ダミー」「父親理系」「母親理系」「大卒（父親）」「大卒（母親）」「ホワイトカラー（父親）」「ホワイトカラー（母親）」「15歳時社会階層」「小学生のときの算数好感度」「小学生のときの成績」「サンプルサイズ」的中译文分别为"男性""平均""标准偏差""女性""理科""年龄""长子（虚拟变量）""父亲理科""母亲理科""大学毕业（父亲）""大学毕业（母亲）""白领（父亲）""白领（母亲）""15岁时的社会阶层""小学阶段对数学的好感度""小学阶段的成绩""样本容量"。

② 表4-3中的日语「子どもの数」「世帯所得」「短大卒（父親）」「短大卒（母親）」「都市居住」「一般的」的中译文分别为"子女人数""家庭收入""大专毕业（父亲）""大专毕业（母亲）""城市居住""一般"。其余日语关键词的中译文同表4-2。

第6节　父母属性对受访者的影响

一、整体样本

本节将结合估算结果,分析在大学本科以上毕业的人群中,选择文科的人与选择理科的人、选择医·齿·药学专业的人之间的不同点,结果如表4-4所示。

我们先来考察一下整体样本,这里以选择文科的人为基准。理科的情况如下:男性(虚拟变量)为正向显著,因此与女性相比,男性更倾向于选择理科而非文科。另外,父亲为大学理科专业毕业这一变量为正向显著,由此可知,若父亲是大学理科专业毕业,则子女会倾向于选择理科而非文科。这是否可以视作父母对科目喜好的基因(DNA)遗传到了子女身上呢?关于这一点,还需进行进一步考察。还有,如果母亲是白领,那么子女会倾向于选择理科。小学阶段对数学的好感度为正向显著,也就是说,喜欢数学会倾向于选择理科。另外,如果控制对数学的好感度这一变量,那么小学阶段的成绩会呈负向显著性。换句话说,在对数学的好感度相同的情况下,小学阶段成绩较差的学生倾向于选择理科。

我们再来考察一下选择医·齿·药学专业的主要因素。与前面一样,这里也以选择文科为基准。父亲的专业为理科(虚拟变量)的显著性标准为10%,结果呈正向显著性,由此可知,父亲的专业为理科的话,子女选择医·齿·药学专业的比例会变大。另外,母亲大学毕业(虚拟变量)的显著性标准为10%,结果呈正向显著性,由此看来,如果母亲是大学毕业,那么子女会倾向于选择医·齿·药学专业。还有,父亲是白领阶层也会加大子女选择医·齿·药学专业的比例。关于小学阶段对数学的好感度这一变量,小学阶段的数学能力呈正向显著性。由此可知,如果小学阶段对数学的好感度高,那么会倾向于选择医·齿·药学专业。

表4-4　估算结果1(1)全体[1]

	理系		医歯薬系	
	係数	限界効果	係数	限界効果
男性ダミー	1.297	0.260	0.061	-0.009
	(0.144)***		(0.319)	
年齢	-0.012	-0.002	-0.040	-0.001
	(0.005)**		(0.015)***	
長子ダミー	-0.081	-0.019	0.165	0.005
	(0.125)		(0.318)	
父親理系	0.584	0.127	0.676	0.014
	(0.201)**		(0.395)*	
母親理系	0.140	0.023	0.656	0.022
	(0.409)		(0.590)	
父親大卒	-0.182	-0.043	0.308	0.010
	(0.164)		(0.446)	
母親大卒	-0.008	-0.011	0.815	0.029
	(0.208)		(0.432)*	
父親ホワイトカラー	0.176	0.033	0.595	0.015
	(0.133)		(0.338)*	
母親ホワイトカラー	0.466	0.110	-0.201	-0.009
	(0.215)**		(0.507)	
15歳のときの階層意識	-0.073	-0.147	-0.136	-0.003
	(0.073)		(0.209)	
小学生のときの算数の好感度	0.599	0.128	0.368	0.005
	(0.070)***		(0.154)**	
小学生のときの成績（一般的）	-0.178	-0.039	-0.012	0.001
	(0.077)**		(0.224)	
サンプルサイズ		1413		
疑似 R²		0.12		
疑似対数尤度		-977.59		

注：①表中符号表示显著性标准。"***"为1%；"**"为5%；"*"为10%。
　　②上方为边际效应，括号内为异方差—稳健标准误。

---

① 表4-4中的日语「理系」「係数」「限界効果」「医歯薬系」「男性ダミー」「年齢」「長子ダミー」
「父親理系」「母親理系」「父親大卒」「母親大卒」「父親ホワイトカラー」「母親ホワイトカ
ラー」「15歳のときの階層意識」「小学生のときの算数の好感度」「小学生のときの成績
（一般的）」「サンプルサイズ」「疑似 R²」「疑似対数尤度」的中译文分别为"理科""系数"
"边际效应""医・齿・药学专业""男性(虚拟变量)""年龄""长子(虚拟变量)""父亲理科"
"母亲理科""父亲大学毕业""母亲大学毕业""父亲白领""母亲白领""15岁时的阶层意识"
"小学阶段对数学的好感度""小学阶段的成绩(一般)""样本容量""伪 R²""伪对数似然"。

二、男性、女性样本

前面以大学本科以上学历的人群为对象,考察了选择文理科,以及医·齿·药学专业的主要原因。结果显示,父母的学历和职业,以及子女小学阶段对科目的偏好决定了子女的专业选择。但是,考虑到以上因素对于子女专业选择的影响可能存在性别差异,因此这里按照受访者的性别对样本进行了估算。男性受访者的结果如表4-5所示,女性受访者的结果如表4-6所示。

我们先来看一下男性的情况。男性选择理科的情况与整体样本相同,若父亲是理科专业或者自身小学阶段对数学的好感度高,则会倾向于选择理科。医·齿·药学专业也是同样的情况,若父亲是医·齿·药学专业或者自身小学阶段对数学的好感度高,则也会倾向于选择医·齿·药学专业。

接着,我们再来看一下女性的情况。关于理科专业的选择,父亲或母亲为白领的显著性标准为10%,结果呈正向显著性。同时,小学阶段的数学能力也呈正向显著性。也就是说,无论是男性还是女性,只要小学阶段对数学的好感度高,大学选择理科的比例就都会变大。另外,小学阶段的成绩呈负向显著性。如果控制数学能力这一变量的话,那么小学阶段成绩差的人会倾向于选择理科。此外,如果父亲是白领,那么子女会倾向于选择医·齿·药学专业。

总结如下:研究显示,选择理科或医·齿·药学专业的人,受父亲的理科背景和自身小学阶段对数学的好感度等因素的影响较大,而受父母是否大学毕业、15岁时的社会阶层等因素的影响较小。另外,虽然男性倾向于选择理科,但影响专业选择的因素没有明显的性别差异。男性和女性受父亲是否为理科专业和自身小学阶段对数学的好感度等因素的影响都较大。

表 4-5 估算结果 1(2)男性[①]

	理系		医歯薬系	
	係数	限界効果	係数	限界効果
年齢	-0.006	-0.001	-0.029	-0.001
	(0.006)		(0.018)	
長子ダミー	-0.113	-0.028	-0.041	0.000
	(0.149)		(0.427)	
父親理系	0.838	0.180	1.510	0.035
	(0.245)***		(0.554)***	
母親理系	0.714	0.158	1.079	0.021
	(0.506)		(0.753)	
父親大卒	-0.441	-0.105	-0.282	-0.002
	(0.187)**		(0.658)	
母親大卒	-0.113	-0.041	0.940	0.032
	(0.249)		(0.561)*	
父親ホワイトカラー	0.049	0.011	0.087	0.001
	(0.159)		(0.451)	
母親ホワイトカラー	0.321	0.083	-0.346	-0.009
	(0.262)		(0.646)	
15歳のときの階層意識	-0.025	-0.007	0.046	0.001
	(0.087)		(0.318)	
小学生のときの算数の好感度	0.651	0.156	0.504	0.005
	(0.082)***		(0.195)**	
小学生のときの成績（一般的）	-0.129	0.032	0.035	0.002
	(0.088)	(0.296)		
サンプルサイズ		907		
疑似 R²		0.09		
疑似対数尤度		-666.56		

注：①表中符号表示显著性标准。"***"为1%；"**"为5%；"*"为10%。
　　②上方为边际效应，括号内为异方差—稳健标准误。

---

① 表 4-5 中的日语「理系」「係数」「限界効果」「医歯薬系」「男性ダミー」「年齢」「長子ダミー」「父親理系」「母親理系」「父親大卒」「母親大卒」「父親ホワイトカラー」「母親ホワイトカラー」「15歳のときの階層意識」「小学生のときの算数の好感度」「小学生のときの成績（一般的）」「サンプルサイズ」「疑似 R²」「疑似対数尤度」的中译文分别为"理科""系数""边际效应""医·齿·药学专业""男性(虚拟变量)""年龄""长子(虚拟变量)""父亲理科""母亲理科""父亲大学毕业""母亲大学毕业""父亲白领""母亲白领""15岁时的阶层意识""小学阶段对数学的好感度""小学阶段的成绩(一般)""样本容量""伪 R²""伪对数似然"。

表4-6　估算结果1(3)女性[1]

	理系		医齿药系	
	係数	限界效果	係数	限界效果
年齢	-0.027	-0.003	-0.047	-0.001
	(0.010)***		(0.023)**	
長子ダミー	0.016	0.000	0.418	0.011
	(0.250)		(0.493)	
父親理系	0.094	0.014	-0.174	-0.005
	(0.339)		(0.557)	
母親理系	-1.351	-0.116	0.089	0.007
	(1.248)		(1.175)	
父親大卒	0.504	0.063	0.937	0.026
	(0.324)		(0.651)	
母親大卒	0.197	0.023	0.732	0.025
	(0.358)		(0.693)	
父親ホワイトカラー	0.456	0.054	1.310	0.036
	(0.260)*		(0.566)**	
母親ホワイトカラー	0.629	0.100	-0.242	-0.009
	(0.352)*		(0.815)	
15歳のときの階層意識	-0.143	-0.018	-0.320	-0.009
	(0.140)		(0.261)	
小学生のときの算数の好感度	0.527	0.069	0.318	0.007
	(0.139)***		(0.235)	
小学生のときの成績（一般的）	-0.400	-0.053	-0.133	-0.002
	(0.167)**		(0.377)	
サンプルサイズ		506		
疑似 R²		0.09		
疑似対数尤度		-295.83		

注：①表中符号表示显著性标准。"***"为1%；"**"为5%；"*"为10%。
　　②上方为边际效应,括号内为异方差—稳健标准误。

第7节　受访者自身属性对其子女的影响

第6节分析了受访者与父母属性间的关系。下面将分析受访者的子女在选择专业方面与受访者属性间的关系。这样一来,就可以分析"父母—受访者—受访者的子女"祖孙三代人的情况了。我们将受访者的子女大学是选择理科还是文科作为被解释变量,通过probit回归分析来论述受访者的父母的哪些

---

① 表4-6中的日语关键词的中译文同表4-5。

属性会影响受访者的子女的选择。

我们设定问题为"请您根据子女的年龄(由大到小)依次回答子女性别、现在就读的学校或毕业的学校",然后将回答中第1个子女和第2个子女的样本作为被解释变量,设定选项"大学(国公立理科)、大学(私立理科)"为1,"大学(国公立文科)、大学(私立文科)"为0,并进行了probit回归分析。

这里的解释变量包括受访者的子女性别(虚拟变量)、子女人数、职业、家庭收入、学历、城市居住(虚拟变量),以及受访者小学阶段对数学的好感度和受访者小学阶段的成绩。若这些系数都具有显著性,则表示受访者对数学的好感度不仅会左右自身对专业的选择,还会左右其子女的专业选择。具体估算结果如表4-7所示。

第1个子女的结果如下:男性子女(虚拟变量)呈正向显著性。这一结果与受访者自身选择专业时的结果相同,仅从大学入学者的样本来看,男性子女就读理科专业的概率高于女性子女。家庭收入呈负向显著性。一般来说,和理科相比,文科的学费更低,但是,第1个子女的情况恰恰相反,收入较低的人更愿意让子女就读理科。尽管学费较高,但收入较低的阶层还是倾向于让其子女选择理科。这可以理解为,他们将教育作为一种投资,期望子女选择将来实用的专业。而且,受访者的父亲小学阶段对数学的好感度也为正向显著。也就是说,如果受访者的父母小学阶段喜欢数学,那么不仅受访者自身,受访者的子女选择理科的概率也会变大。

接下来考察第2个子女对文科和理科的选择情况。男性子女(虚拟变量)呈正向显著性。即使控制其他变量,也能明显看出男性比女性更倾向于选择理科。另外,受访者的父亲是白领这一因素也呈正向显著性。也就是说,如果受访者的父亲是白领,那么受访者的第2个子女会倾向于选择理科。而若受访者的父亲拥有大学本科以上学历,则受访者的子女就会倾向于选择文科。值得关注的变量是,和第1个子女的情况一样,如果受访者的父母小学时喜欢数学,那么受访者的子女选择理科的概率就会变大。不过,仅根据这个结果就得出数学能力会在亲子之间继承的结论,恐怕操之过急。因为除此以外,还存在家庭环境因素的影响。具体是什么样的环境因素呢?这将作为今后的研究课题。

表4-7　估算结果2①

	第1子	第2子
男性ダミー	0.160	0.115
	(0.041)***	(0.053)**
子どもの数	0.003	0.027
	(0.030)	(0.047)
父親ホワイトカラー	0.065	0.168
	(0.049)	(0.064)***
母親ホワイトカラー	0.049	0.075
	(0.075)	(0.103)
世帯所得	−0.077	−0.043
	(0.044)*	(0.049)
短大・高専卒（父親）	0.097	0.310
	(0.091)	(0.144)**
大卒（父親）	−0.074	−0.115
	(0.048)	(0.059)*
短大・高専卒（母親）	0.098	0.052
	(0.057)*	(0.070)
大卒（母親）	−0.044	0.073
	(0.061)	(0.085)
都市居住ダミー	−0.014	0.027
	(0.049)	(0.066)
算数の好感度（親小学生のとき）	0.045	0.046
	(0.022)**	(0.027)*
成績（親小学生のとき）	−0.013	−0.028
	(0.025)	(0.035)
サンプルサイズ	514	329

注：①表中符号表示显著性标准。"***"为1%；
"**"为5%；"*"为10%。
②上方为边际效应，括号内为异方差—稳健
标准。

第8节　本章的结论和今后的课题

本章考察了家庭环境等因素对个人专业选择的影响。

---

① 表4-7中的日语「第1子」「第2子」「子どもの数」「世帯所得」「短大・高専卒」「都市居住ダミー」「親小学生のとき」的中译文分别为"第1个女子""第2个女子""子女的人数""家庭收入""大专・中专毕业""城市居住（虚拟变量）""父母小学阶段"。其余日语关键词的中译文同表4-4。

首先,我们用宏观数据分析了日本大学生日益显著的远离理工科的现象。结果显示,正如大多数人所指出的那样,其中以工科为中心的远离理工科的现象最为严重。当然,这并不是说不选择工科的人就会选择文科。文科根据学部的不同,生源增长率也有差异。例如,护理学部等保健科的学部生源有增加的倾向,而经济学部和法学部的生源则有停滞不前的倾向。关于专业选择的实际情况,我们并不能简单地将其描述为远离理工科,准确地说,应该是在远离理工科的同时,各专业的增加趋势不尽相同。

其次,我们利用日本倍乐生公司以大学生为对象实施的问卷调查数据,分析了大学生在选择专业时最注重的因素。结论是,选择经济学专业的学生不"B.重视学习条件",而"A.重视入学考试条件","C.优先考虑学校形象","D.优先考虑实际利益","E.重视地理位置"。选择工科专业的学生在"A.重视入学考试条件"和"D.优先考虑实际利益"的同时,也"B.重视学习条件"。不过,在经济不景气、企业减少招人的情况下,"D.优先考虑实际利益"的这些专业的人气会下降。另外,由于学生希望取得某种特定的职业资格的意向的不断增强,因此他们选择护理专业的倾向有所增强。

最后,为了分析学生选择理科和文科的背景,我们考察了以下课题,即:家庭环境等因素对选择理科还是文科是否有影响? 若有影响,则这些影响因素又具体有哪些? 并且,得到了非常有趣的结果:受访者对数学的好感度不仅会影响其自身对专业的选择,还会影响其子女对专业的选择。父母对数学的好感度为什么会影响子女的专业选择呢? 这将作为今后的研究课题。

第5章 是谁让子女上私立学校

第 1 节　分析孩子择校的 2 个目的

1989 年的出生率（女性 15—49 岁的年度生育率）为 1.57，甚至低于丙午年①（1966 年）的 1.58，故被称为"1.57 危机"，这引起了大家对少子化问题的关注。此后，日本的出生率一直呈下降趋势，并在 2005 年跌至 1.25。

随着少子化问题的加剧，或者说正因为孩子数量的减少，作为义务教育阶段的中小学中不断出现私立学校的身影②。例如，在关西地区，同志社大学在 2006 年开设了其附属小学同志社小学，立命馆大学也在同年开设了立命馆小学。在关东地区，以继承了明治时期传统的庆应小学为代表，已有成蹊、青山、学习院等诸多私立小学。着眼于这种现象，让我们来看看是什么样的父母在让孩子上私立学校呢？在第 2 章中，我们分析了私立大学，本章将重点分析私立中小学。

我们分析中小学阶段孩子的择校情况，主要有以下 2 个目的。

其一是，通过分析父母影响孩子择校的具体因素和属性，可以明确以下问题。最近，收入格差的扩大已成为一个社会问题。对于这个问题，很多人认为："在自由主义经济中，结果的不平等在某种程度上是没有办法的，问题是，结果的不平等是否会导致机会的不平等。"我们在第 1 章的分析中已指出，父母的社会阶层会影响子女的学历，进而会左右子女的年收入。本章将围绕"结果的不平等是否会导致机会的不平等"这一问题，探讨父母对中小学生子女择校的影响因素。

其二是，一些学校因校园霸凌、校园暴力、学力低下、教师丑闻等学校教育问题广受社会谴责，特别是公立中小学③。还有人指出，由于政府实行了"宽松教育"，私立学校和公立学校之间的差距越来越大，这促使父母让孩子进入私立学校④。在这样的认识下，有人主张，中小学不应该实行在指定的特定地区上学

---

① 日本人迷信地认为，丙午年出生的女性克夫，因此尽量避免在这一年生子。——译者注

② 日本有些私立学校是小学、初中、高中、大学一贯制。——译者注

③ 这类学校教育问题并不是公立学校特有的问题。

④ 针对这样的批评，文部科学省在 2008 年发布了《指导要领修订案》，重新评估了"宽松教育"。

的学区制，而应该根据父母的选择来决定学校。2006年12月25日召开的规制改革与民间开放推进会议通过了《关于推进规制改革与民间开放的第3次报告》，其中提出了2个教育改革方案。第一，因为每个学生的能力和适应性不尽相同，应实施教育券制度①，以学生人数为标准，向学校分配教育预算。第二，为了提高教师的资质，不仅要像以前一样由教育委员会和校长进行教师考评，还要建立以学习者评价为中心的教师考评系统和判定教师职业适应性的审核制度。

然而，实际生活中，中小学生父母为什么会选择让子女上私立或国立中小学，而不是公立中小学呢？目前，很少有研究对这一点进行分析。本章提出是父母对公立学校的认识发生变化促使他们送孩子进入私立学校这一观点，并对此进行了验证。本章的验证结果可为研究教育券制度等相关制度的变更所产生的效果提供参考。具体来说，本章提出并验证了以下2个假设：第1个假设是，因对现在的公立学校抱有某种不安和不满，而选择让子女进入私立学校；第2个假设是，父母的收入、学历、就业状况会影响义务教育阶段子女的择校。

第2节　从『家計調査年報』看收入阶层和子女的学校

孩子到了升小学的阶段，父母就会面临一个选择——到底要不要让孩子上私立学校？当然，也可以选择国立学校。本章将国立归入私立一组，拟和公立进行对比研究。其理由是，本章旨在研究在义务教育阶段父母让孩子不选择公立学校而选择其他学校的原因，从这一点上来说，可以认为私立学校和国立学校在教育方面的某些情况是一致的②。

孩子上私立和国立小学，大多离家较远。相反，公立小学多在本地，孩子通常步行上学即可。可以预想，不同学校小学生在上学的交通方式上会有很大差异。可见，坚决选择让孩子上私立或国立的家庭，应该是对此有强烈的愿望。而且，私立学校学费高昂，如果没有比一般人更强烈的愿望，就不会选择让孩子

---

① 所谓教育券制度，是指国家并非向学校支付补助金，而是向家长和孩子发放以教育为目的的票券，家长和孩子可以使用此票券自由选择学校的制度。

② 被解释变量分别为私立学校、公立学校和国立学校，当选项数超过3个时，也可以考虑使用多项logit分析，但由于国立学校的样本容量较小，本章没有采用。

去私立学校就读。

　　如前所述,在选择是否送孩子去私立或国立学校时,一般最容易想到的因素还是父母的收入。因此,我们拟用日本总务省『家計調查年報』的数据,来分析收入阶层和子女择校的关系。图5-1显示了劳动者家庭收入5个阶层中各个阶层的私立学校在校生在全部中小学在校生中所占的比例[①]。

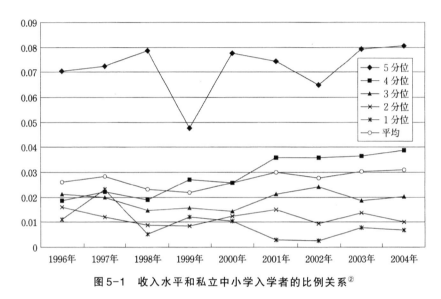

图5-1　收入水平和私立中小学入学者的比例关系[②]

注:引自『家計調查年報』。

　　如图5-1所示,从平均值来看,1996年私立中小学在校生占比略高于2.5%,2004年则超过了3.1%,呈现缓慢上升趋势,这说明私立中小学在校生所占比例在增加。以立命馆大学和同志社大学为代表的学校法人,在少子化问题日益加剧的状况下仍然设立附属小学,可以认为就是因为存在这样的背景。

　　从不同收入阶层的情况看,第5阶层将子女送入私立中小学的比例明显高于其他收入阶层。例如:1999年和2002年,其约为第4阶层的2倍;而1998年,其约为第4阶段的4倍。第5阶层的收入虽因年度而异,但总体年收入在1000万日元以上。也就是说,以年收入1000万日元为分界线,第5阶层让子女上私

---

① 『家計調查年報』中分别显示了私立小学和中学的数值,本章使用两者的加权平均值。

② 图5-1中的日语「分位」「平均」「年」的中译文分别为"阶层""平均""年"。

立中小学的比例明显较高。相反,第1至第4阶层年收入越高,让子女上私立中小学的比例越高,不过也存在个别特殊的年度。因此,从『家計調查年報』中可以清楚地看出,年收入超过1000万日元的阶层让子女上私立中小学的比例较高。但是,我们不能因此得出"年收入越低的阶层让子女上私立中小学的比例就越低"的结论。值得注意的是,2000年以后,收入阶层与子女上私立学校的比例呈正相关关系,而且近年来这种倾向越来越明显。

第3节 以往研究综述

一、关于校外教育投资的以往研究

片冈(1998)通过分析家庭的文化资本投资和校外教育投资对升学(考入大学等高等教育机构)所起的作用,考察了通过教育实现社会阶层再生产的问题。具体来说,其将最终学历和初中3年级时的成绩作为被解释变量,将父母学历、文化资本投资、校外教育投资、兄弟姐妹人数等作为解释变量,进行了通径分析。结果显示,在文化资本投资、校外教育投资与教育、升学之间的相关性方面,男女之间有所不同。片冈(1998)认为,对女性的文化资本投资对升学有较强的促进作用,而对男性的校外教育投资对升学有较强的影响。

近藤(1998)认为,关于校外教育投资的效应,即使控制了父亲的教育和职业这一变量,其显著性也不会消失,且在时间上也比较稳定。但是,这并不表明上校外补习班会提升社会阶层,其表明上校外补习班对学业成绩的提升有可期待的效果,因此校外教育投资才得以普及。

盛山·野口(1984)曾就社会阶层对子女教育的影响机制进行过研究。其并非考察校外补习班、家庭教师等校外教育投资的效应,而是通过论证得出了家长的学历、收入、职业与学生的学力直接相关的结果。

永濑·長町(2002)分析了收入阶层的差异对教育投资的影响。其调查显示,越是富裕的家庭对教育的投资越高,这导致了家庭间格差的出现,以及地区间格差的扩大。另外,其对比1984年和1994年的数据发现,私立学校的在校生在整个高等教育机构的在校生中所占的比例有所上升,这也表明了公立教育的不景气。

二、关于择校的以往研究

关于择校的以往研究如下：在日本，规制改革与民间开放推进会议曾提议对引进教育券制度进行研讨，这也引起了社会的广泛关注。

关于教育券制度和择校的效果，国外存在一些实证分析研究。Hoxby（2000）指出，自由选择公立学校可以提高学生的质量，进而减少每个学生的教育支出，提高学校教育的质量与效益。并且，关于择校的效应，低收入者和高收入者之间没有显著差异。此外，Hoxby（2002）指出，自由择校制度能激励教师努力工作，提高学校的质量和理科类学生的能力。而 Ladd（2002）则认为，在全国大规模实施教育券制度没有效果。

另外，还有一些研究对私立学校和公立学校在教育上存在差异的原因进行了分析。Coleman et al.（1982）认为仅凭父母阶层无法说明私立学校的教育效果。但是，Murnane et al.（1985）批评说这篇论文没有考虑到选择性偏差。Neal（2002）分析了天主教私立中学的教育效果对学生后来的高中、大学毕业率，以及就业后的工资产生的影响。另外，Nechyba（2006）对与初等教育阶段私立和公立学校之间教育质量差异的形成机制相关的以往研究进行了全面的综述。

以上以国外的研究为中心进行了文献综述。日本国内也有很多关于私立中小学和公立中小学的择校问题的以往研究，接下来我们对此进行考察。松浦·滋野（1996）采用《居民家庭收支调查》和《储蓄动向调查（1986—1992年）》中的个体数据，尝试通过家庭年收、家庭资产、父亲职业、母亲职业、父亲年龄、母亲年龄、孩子性别、居住地区、是否有房产等来说明孩子的择校情况（去私立还是公立）。并且，其还对让孩子上校外补习班和上私立学校两者之间的相关性进行了验证。其结果是，父母的收入和职业会影响义务教育阶段的孩子的学校选择，特别是拥有房产且收入和社会地位较高的阶层，会选择让孩子去私立学校而不是公立学校。另外，其还指出，对于校外补习班和私立学校的选择不是同时决定的，而是相互独立进行的。

武内·中谷·松繁（2006）通过《关于消费生活的固定样本调查》中的数据，检验了关于"学校五日制"的实施导致补习教育费上升的假设。结果证实，相对高收入阶层在1997年的补习教育费较实施"学校五日制"之前的1994年有所增加。以这个实证结果为基础,其指出收入格差会导致教育机会的不平等,主张完善公共教育以减少这种现象的产生。然而,这些研究并没有将学生家长对公立学校的不满与择校之间的关系作为分析对象。

贞广(1999)为分析择校制度给公立中小学带来的影响进行了问卷调查,共通过设定在日本公立中小学引进择校制度这一假设前提,调查受访者会根据怎样的偏好择校,并在此基础上进行次序性评定分析。结果显示,在对于公立中小学的偏好这一点上,未验证出父母的职业和父母学历对学校的选择有显著影响,但验证出对当地学校是否抱有不满、所选学校的教育特色是否符合自己的期待、孩子的性格特点、孩子的性别等因素会影响小学和中学的择校。不过,这只是关于假定状况的问卷调查结果,并不是受访者的实际选择。而且,因为这是针对受访者对公立中小学的选择的问卷调查,所以没有把家庭收入这一主要因素作为分析对象。

因此,除在以往研究中被作为解释变量出现的父母收入阶层、子女性别、子女人数、居住地区等因素之外,我们还在研究中加入了父母对公立学校的认知、对学历效应的认知等解释变量,因此这里分析的不仅是个人属性,还有父母的教育观对孩子择校产生的影响。

第4节　对公立学校教育不满的假设

那么,在义务教育阶段,为什么父母会坚决让孩子上私立学校呢? 西村(2003)对父母不让孩子上公立中学的理由做了如下解释:第一,在高中入学考试时,作为判定合格与否的资料,除了会使用入学考试的分数,有时也会使用记录有中学阶段平时成绩的内部报告书[1]。都道府县的情况各有不同,有的高中赋予内部报告书较高权重。因此,内部报告书使得学生一直处于教师的监督之下。第二,主要科目的授课时间太少。第三,学习内容难度低,学习强度也不大。第四,不能保证孩子不会遭到校园霸凌和校园暴力。

图5-2显示了受访者关于"您认为自己中小学时的公立学校和现在的公立

---

[1] 指学校向学生报考的高中提交的报告书,其中记录了学生的学习和生活情况。——译者注

学校实施义务教育的情况与问卷中设定的项目是否相符"这一问题的回答结果。具体内容为受访者小时候的公立中小学和现在的公立中小学的情况与"培养学生掌握基础学力""学力不同、兴趣不同的学生能得到适合自己的指导(个性化指导)""教师质量高""有效应对校园霸凌、逃学、校园暴力等问题""学费低"这 5 项内容的符合程度。选项为"1.十分符合;2. 在一定程度上符合;3.不好说;4.不太符合;5.几乎不符合"①。图 5-2 中数据是受访者回答数据的平均值,左边是受访者小时候公立中小学的情况,右边是现在的公立中小学的情况。数值高的一方表示不满程度较高。

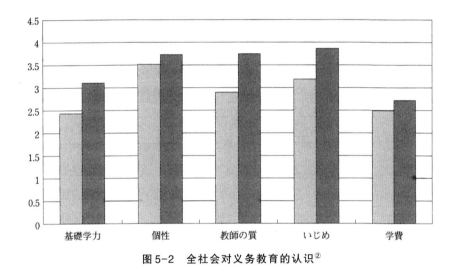

图 5-2　全社会对义务教育的认识②

注:引自《关于阶层化日本社会的问卷调查》。

从图 5-2 中可以看出以下几点:首先,无论是哪个项目,与过去相比,现在的平均值都有所上升。例如基础学力的情况:受访者中小学时的数值在 2.5 以下,因此平均评价在"2.在一定程度上符合"和"3.不好说"之间;而现在的数值超过了 3,因此从平均值来看,认为不符合的人比认为符合的人要多。也就是说,对现在教育情况的不满在增加。一般来说,比较过去和现在,容易发现现在

---

① 排除了回答"不知道"的样本。

② 图 5-2 中的日语「基礎学力」「個性」「教師の質」「いじめ」「学費」的中译文分别为"基础学力""个性""教师质量""校园霸凌""学费"。

存在的问题,但也容易因此而美化过去,这一点不能否认。所以,我们不能仅凭这个结果就断言现在的教育和过去的相比整体存在问题,而要分析人们对哪个项目的不满意度的增加率较高。换句话说,就是有必要分析一下与过去相比,现在的教育情况在哪些方面令人感到不满。

从变化率来看,与过去相比,人们对现在教育的不满程度没有升高的有2项:一是个性化指导;二是学费低。相反,关于教师应对校园霸凌、逃学等问题时采取的措施,以及教师质量、基础学力等项目,人们对现在教育的不满程度与过去相比大幅升高。关于人们对个性化指导的不满程度的变化情况,原因可以解释为文部科学省推进了以培养"生存能力"为目标的"综合学习",其根据每个学生的个性实施相应的教育,所以阻止了不满程度的升高。虽然可以说是个性化教育在某种程度上满足了人们的期望,但也有可能是因为人们根本就不重视义务教育阶段的个性化教育。在学费方面,人们对现行义务教育的不满程度相对较低,这是唯一的平均值低于3的项目。平均值低于3,意味着平均来说,回答中"满意"的评价高于"不满意"的评价①。

但是,教育支出不仅仅是指学费,所以家庭在教育上的负担并不一定轻。例如,虽然公立学校的学费较低,但是如果因对公立学校的教育感到不满或焦虑而送孩子上校外补习班或去私立中小学的话,家庭教育支出所占的比例就会变大,家庭负担也会变重。再者,也有虽然对公立中小学感到不满,但是因为收入低而无法让孩子去私立学校就读的社会阶层。那么,在这样的社会阶层与因对公立中小学感到不满或焦虑而将子女送入私立中小学的社会阶层之间,"教育机会平等"没有得到保证。

因此,本研究拟验证人们对公立中小学的不满是选择私立中小学的原因的可靠性。此外,我们还想探讨到底是对公立学校有什么样的不满,父母才会送孩子去上校外补习班。

---

① 以基数评价为前提。

第 5 节　父母属性依存假设

假设 1 是父母对公立学校的认知影响择校,假设 2 是父母的收入、学历、就业状态等属性影响择校。关于父母的收入这一点,确实是父母收入越高,其让孩子上私立学校的倾向就越强。但从『家計調査年報』中也可以看出,并不是只要父母收入高,就会让孩子上私立学校。从本章数据中,我们也能看出父母收入与子女上私立学校的比例之间的相关性并不高。但是,『家計調査年報』也显示,收入最高的第 5 阶层比其他阶层让孩子上私立学校的比例要高。本章将把与第 5 阶层相同水平,即家庭年收入在 1000 万日元以上的变量作为虚拟变量。另外,关于学历这一要素,父母学历高的话就会热衷于教育,这也被看作让孩子上私立学校的原因。此外,我们还要分析父亲和母亲中,谁对孩子的择校影响更大。关于就业状态,我们将关注以下几点。

我们想验证"如果母亲是全职主妇的话,就会积极地对孩子进行教育投资"这一情况的真实性。因为,选择做全职主妇的母亲大多是为了专心做家务和培养孩子。不难想象,选择做全职主妇的人,应该会更重视孩子的教育问题。于是,我们想验证"全职主妇有送子女上私立学校的倾向"这一假设。与此有同样的问题意识的以往研究有本田(2005)。本田(2005)以有孩子的女性为对象,分析了对教育的认知与母亲的职业选择(无业、非典型雇佣、典型雇佣)之间的关系。

第 6 节　关于模型和数据的说明

以上我们对 2 种假设进行了说明,下面将对其进行验证。为验证假设 1,我们先来探讨 2 个问题:对"培养学生掌握基础学力""学力不同、兴趣不同的学生能得到适合自己的指导(个性化指导)""教师质量高""有效应对校园霸凌、逃学等问题""学费低"等的不满,是否会对中小学择校产生影响? 如果有影响的话,那么哪个变量是决定选择私立还是公立的主要原因? 为验证假设 2,我们使用了家庭年收入、父亲的学历、母亲的学历等因素,并将父母的年龄、子女人数、子女性别作为控制变量。

我们从《关于阶层化日本社会的问卷调查》中选取了有孩子正在上中小学的家庭的样本。

以下使用把被解释变量分为"让子女上私立或国立中小学"和"让子女上校外补习班"的双变量probit模型进行估算。这里使用双变量probit模型基于以下思考:让子女上私立或国立中小学而不是公立中小学与让子女上校外补习班这两者可能会相互影响,这种情况下会产生内生性的问题。为了解决这个问题,我们使用了充分考虑2个方程的扰动项之间存在相关ρ的模型,即双变量probit模型。

我们将2个离散变量作为被解释变量,其中:"让子女上私立或国立中小学"的人为1,不是这种情况的人为0,其离散变量为y_1;"让子女上校外补习班"的人为1,不是这种情况的人为0,其离散变量为y_2。以下使用同时估算这2个被解释变量(离散变量)取1的概率的双变量probit模型进行分析。

$$\begin{cases} y_1^* = x_1\beta_1 + \varepsilon_1 \\ y_2^* = x_2\beta_2 + \varepsilon_2 \end{cases}$$

假定误差项ε_1、ε_2遵循均值为0、方差为1的联合正态分布。ε_1和ε_2的相关系数由ρ表示。y_1^*、y_2^*表示确定离散变量y_1、y_2之后作为基础的潜在变量。以下特定公式适用于能被观测的离散变量和不能被观测的潜在变量之间的关系。$\rho\neq0$时,$P(y_1=1,y_2=1)$,可以用下列函数表示:

$$P(y_1 = 1, y_2 = 1) = P[y_1^* > 0, y_2^* > 0] = P[-\varepsilon_1 < x_1\beta_1, -\varepsilon_2 < x_2\beta_2]$$
$$= \int_{-\infty}^{x_1\beta_1} \int_{-\infty}^{x_2\beta_2} \Phi(z_1, z_2, \rho)\,\mathrm{d}z_1\mathrm{d}z_2 = \Phi(x_1\beta_1, x_2\beta_2, \rho)$$

我们可先通过使用上述分布函数设定对数似然函数,并求出最大化似然β的参数,再根据双变量probit模型求出系数。

然而,误差项之间不相关($\rho=0$)的原假设(虚无假设或零假设)并没有被舍弃。"让子女上私立或国立中小学"和"让子女上校外补习班"并不是同时的决定。也就是说,比起双变量probit模型,这里使用probit模型更为妥当。这一结果与滋野·松浦(1996)一致。

probit分析是在被解释变量是0或1这样的二值变量时使用的方法。例如,它可以在分析"工作"还是"不工作"这2个选项是由什么因素决定时使用。这里我们想分析,不上公立中小学而上私立或国立中小学是受哪些因素影响的。如以下概率模型所示:

$$y_i^* = x_i\beta_i + \varepsilon_i$$
$$y_i = 1 \quad if \quad y_i^* > 0$$
$$y_i = 0 \quad if \quad y_i^* \leqslant 0$$

$y_i = 1$ 的概率和 $y_i = 0$ 的概率如下:

$$P(y_i = 1) = Pr(y_i^* > 0) = Pr(\varepsilon_i > -x_i\beta) = F(x_i\beta)$$
$$= P(y_i = 0) = Pr(y_i^* \leqslant 0)$$

另外,对数似然函数可以写作如下形式:

$$\log L = \sum_{i=1}^{n} y_i \log F\left(x_i\beta\right) + \sum_{i=1}^{n} \left(1 - y_i\right) \log F\left[1 - \left(x_i\beta\right)\right]$$

将分布 F 设为正态分布,可求出最大化似然函数的参数 β。

y_i^* 是表示样本 i 中表示择校的潜在变量,y_i 是样本 i 中被观察的择校行为。若是1,则选择了私立或国立;若是0,则选择了公立。x_i 是解释变量的向量,本章使用父母(回答者)的年龄、学历、年收入、教育意识和子女性别、子女人数等。这样一来,就可以通过数据来分析这些解释变量对子女的择校是否产生了实际的影响了。

关于如何看待国立中小学,有人认为应该将其纳入公立学校一类。但是,为了重点关注人们对公立义务教育的认识和不选择公立学校的理由之间的关系,本章将国立学校和私立学校放在一起分析。另外,假设孩子上校外补习班的情况为1,不上校外补习班的情况为0,本章还将分析以这一虚拟变量为被解释变量的估算模型。通过这些分析,可以验证接受公立学校以外教育的群体的属性和意识。

在此说明一下解释变量。从图5-1中可以看出,与其他年收入阶层相比,年收入最高的第5阶层让子女进入私立中小学的比例明显较高。『家计调查年报』中的第5阶层的收入根据年度有所变化,但总体年收入在1000万日元以上。因此,这里的解释变量使用如下虚拟变量:把年收入在1000万日元以上的设为1,把年收入不足1000万日元的设为0。

另外,子女性别也有可能会决定学校的选择,所以这里使用把男孩设为1,

把女孩设为0的虚拟变量。除了子女性别,子女人数也可能是择校的主要因素。例如,如果子女人数多,就不得不缩减每个子女的教育支出,因此可以推测他们会选择公立学校而不是私立学校。

而且,我们完全可以认为父母的各种属性也会对孩子的择校产生影响,因此这里将父母的年龄、职业、学历作为控制变量。对于父母的学历,我们设定本科毕业、硕士毕业和博士毕业为1,其他为0。通过该变量,我们可以验证与初中、高中、大专毕业的父母相比,本科、硕士和博士毕业的父母让子女进入私立中小学的比例是否会更高。

关于对公立中小学的不满程度,我们分别调查了现在的义务教育实施情况和受访者小学时的义务教育实施情况,请受访者使用5等级选项回答对"培养学生掌握基础学力""学力不同、兴趣不同的学生得够到适合自己的指导(个性化指导)""教师质量高""有效应对校园霸凌、逃学、校园暴力等问题"等内容[①]。在此,我们使用以上问卷调查中的数据,将受访者对现在的义务教育实施情况的评价值与对其小学时的义务教育实施情况的评价值的差作为变量。也就是说,此变量可定义为:对教育的不满程度上升=对现在的义务教育实施情况的评价−对自己小学时的义务教育实施情况的评价。例如,在对现在的义务教育实施情况的评价为"4.不太满足",而对自己小学时的义务教育实施情况的评价为"2.在一定程度上满足"的情况下,数值为4−2=2。通过以这些变量为解释变量,我们可以验证这样一个假设:与自己小学时相比,对现在的义务教育实施情况的不满程度上升的人,会让子女上私立中小学。

描述性统计量如表5−1所示。子女在私立或国立中小学上学的人约占4.5%。年收入在1000万日元以上的人所占比例略高于10%,父母的平均年龄约为38.6岁,有近50%的人为全职主妇,父亲为大学毕业以上的超过30%,母亲为大学毕业以上的超过10%,平均每个家庭子女不足2人。单从这些变量来看,样本中没有出现网络问卷调查中特有的偏向性。

---

① 排除了回答"不知道"的样本。

表5-1　描述性统计量①

	標本数	平均	標準偏差	最小値	最大値
私立進学ダミー	781	0.045	0.207	0	1
年収1000万円以上	781	0.120	0.326	0	1
両親の年齢	781	38.631	5.480	23	71
子どもの性別	781	0.516	0.500	0	1
持ち家	781	0.700	0.458	0	1
父親大卒以上	781	0.315	0.465	0	1
母親大卒以上	781	0.120	0.326	0	1
子どもの数	781	1.967	0.688	1	5
専業主婦	781	0.452	0.498	0	1
現在－昔（基礎学力）	781	0.503	1.123	-3	4
現在－昔（教師の質）	781	0.557	1.377	-4	4
現在－昔（いじめ）	781	0.177	1.280	-4	4
現在－昔（個別対応）	781	0.159	1.120	-4	4

第7节　是谁让子女上私立或国立中小学

我们将"让子女上私立或国立中小学"作为被解释变量进行probit估算,结果如表5-2所示。

由表5-2可知:家庭年收入在1000万日元以上的阶层,让子女上私立或国立中小学的比例在上升。由于子女人数的系数为负,所以随着子女人数的增加,让子女上私立或国立中小学的比例在降低。如果子女人数少,人均教育支出就会增加。由此也可以推测,如果子女人数少,那么父母对每个子女的期待程度也会变高。今后若少子化问题继续加剧,父母则会将更大的期待和支出转移到孩子身上。本章的实证分析结果也显示了这种情况。子女性别不具有显著性,系数为负。而松浦・滋野(1996)的研究结果是,子女性别的显著性为负,

---

① 表5-1中的日语「標本数」「平均」「標準偏差」「最小値」「最大値」「私立進学ダミー」「年収1000万円以上」「両親の年齢」「子どもの性別」「持ち家」「父親大卒以上」「母親大卒以上」「子どもの数」「専業主婦」「現在－昔」「基礎学力」「教師の質」「いじめ」「個別対応」的中译文分别为"样本数量""平均""标准差""最小值""最大值""私立升学(虚拟变量)""年收入在1000万日元以上""父母的年龄""子女性别""房产""父亲大学毕业以上""母亲大学毕业以上""子女人数""全职主妇""现在—以前""基础学力""教师质量""校园霸凌""个性化指导"。

其主要理由是：女性更倾向于选择校园霸凌少且教水质量高的学校，并且她们强烈希望早日结束激烈的考试战争（如选择进入九年一贯制学校、十二年一贯制学校、十五年一贯制学校等）。另外，全民调查《2005年学校基本调查报告书》显示：私立小学的在籍学生中，男生有28,384人，女生有42,566人；私立中学的在籍学生中，男生有114,039人，女生有128,467人。可见，私立小学和私立中学的在籍学生中，均是女生居多。

我们对假设1进行验证，结果发现，基础学力的显著性标准为10%，呈正显著性。也就是说，在培养学生掌握基础学力方面，那些认为和过去的公立中小学相比，现在的公立中小学没有充分发挥作用的父母，会把孩子送到私立中小学上学。对义务教育阶段基础学力培养方面不满程度高的父母，让子女进入私立中小学的概率较大。

关于教师质量这一点，显著性也为正。因此，如果父母感觉到教师质量与以前相比没有得到充分的保证，那么他们让子女进入私立中小学的概率就会变大。另外，父母对学校应对校园霸凌事件的不满程度，对于让子女选择私立学校和公立学校没有影响。

一般认为，公立学校在制度上实行统一的教育，私立学校则各具特色，其可以促进孩子的个性化发展。另外，人们普通认为，私立学校可以让问题儿童退学，与公立学校相比，私立学校的校园霸凌、逃学等问题更少，更令人放心。根据本章的实证研究结果，对现在的公立中小学在培养学生掌握基础学力方面和教师质量方面感到不安的父母，倾向于让孩子进入私立中小学。

另外，关于个人属性这一因素，最值得关注的是，在母亲是全职主妇的情况下，父母更倾向于让子女上私立中小学。其理由是，母亲作为全职主妇，能把更多的时间投入子女的教育中，其对教育的态度也会更加积极。此外，母亲大学毕业以上的显著性也为正。相反，父亲大学毕业以上不具有显著性。因此，我们认为在让孩子上私立中小学的因素中，母亲的属性比父亲的属性影响力更大。

将图5-1和图5-2的结果结合起来解释的话，有以下结论。受访者对比了自己中小学时的公立学校和现在的公立学校实施义务教育的情况，其中满意程度大幅降低的是培养学生掌握基础学力和教师质量这2项。表5-2显示，这些项目是对父母让子女选择私立或公立学校产生影响的项目。由上述结果可以看出,促使近年来私立中小学的入学率上升的一个主要原因在于父母对教师质量的不满和对培养学生掌握基础学力的担心等,这些因素加剧了父母让子女选择私立中小学的现象。而且,就家庭的客观属性而言,比起父亲的职业、学历等属性,母亲的属性对子女的择校更具影响力。

表5-2　估计结果(是否让子女上私立中小学)①

	(1)	(2)	(3)	(4)
年収1000万円以上ダミー	0.640	0.604	0.612	0.623
	(0.218)***	(0.215)***	(0.214)***	(0.211)***
年齢	-0.139	-0.128	-0.132	-0.142
	(0.088)	(0.085)	(0.087)	(0.085)*
年齢2乗	0.002	0.002	0.002	0.002
	(0.001)*	(0.001)*	(0.001)*	(0.001)*
第1子男子ダミー	-0.074	-0.072	-0.065	-0.074
	(0.169)	(0.170)	(0.168)	(0.170)
夫学歴	-0.187	-0.138	-0.147	-0.154
	(0.179)	(0.182)	(0.180)	(0.181)
妻学歴	0.586	0.588	0.568	0.588
	(0.197)***	(0.197)***	(0.197)***	(0.197)***
子どもの数	-0.337	-0.355	-0.354	-0.331
	(0.137)**	(0.141)**	(0.140)**	(0.140)**
妻無職ダミー	0.486	0.515	0.488	0.507
	(0.181)***	(0.175)***	(0.177)***	(0.177)***
基礎学力	0.151			
	(0.079)*			
教師の質		0.138		
		(0.070)**		
いじめ			0.119	
			(0.075)	
個別対応				0.148
				(0.082)*
定数項	0.964	0.806	0.964	1.072
	(1.910)	(1.890)	(1.903)	(1.890)
対数尤度	-122.50	-122.26	-123.18	-122.72
擬似R²	0.143	0.144	0.138	0.141
サンプルサイズ	781	781	781	781

注:①表中符号表示显著性标准。"***"为1%;"**"为5%;"*"为10%。
　　②上方为边际效应,括号内为异方差—稳健标准误。

① 表5-2中的日语「年収1000万円以上ダミー」「年齢」「年齢2乗」「第1子男子ダミー」「夫学歴」「妻学歴」「妻無職ダミー」「定数項」「対数尤度」「擬似R²」「サンプルサイズ」的中译文分别为"年收入在1000万日元以上(虚拟变量)""年龄""年龄平方""第1个孩子为男孩(虚拟变量)""丈夫学历""妻子学历""妻子无工作(虚拟变量)""常数项""对数似然""伪R²""样本容量"。其余日语关键词的中译文同表5-1。

接下来,我们再看一下父母社会经济方面的变量对子女上校外补习班情况产生的影响,如表5-3所示。年收入在1000万日元以上这一虚拟变量的显著性为正。年龄为正,平方的系数为负,具有显著性。也就是说,父母年龄越大,越倾向于让子女上校外补习班。父亲的学历具有显著性,这说明父亲的学历越高,越倾向于让子女上校外补习班。

有关对公立义务教育的认识的变量如下。教师质量呈正显著性。因此,那些认为现在的教师质量不如以前的人,更倾向于让子女上校外补习班。校园霸凌也呈正显著性。而且,那些认为跟以前相比,学生不能得到个性化指导的人,更倾向于让子女上校外补习班。

表5-3　估计结果(是否让子女上校外补习班)[①]

	(5)	(6)	(7)	(8)
年収1000万円以上ダミー	0.444	0.423	0.437	0.428
	(0.163)***	(0.164)***	(0.164)***	(0.164)***
年齢	0.176	0.177	0.176	0.175
	(0.068)***	(0.067)***	(0.067)***	(0.068)***
年齢2乗	-0.002	-0.002	-0.002	-0.002
	(0.001)**	(0.001)**	(0.001)**	(0.001)**
第1子男子ダミー	0.081	0.077	0.075	0.081
	(0.094)	(0.094)	(0.094)	(0.094)
夫学歴	0.287	0.317	0.296	0.299
	(0.111)**	(0.112)***	(0.112)***	(0.112)***
妻学歴	-0.111	-0.119	-0.119	-0.114
	(0.154)	(0.154)	(0.155)	(0.153)
子どもの数	-0.044	-0.039	-0.048	-0.036
	(0.069)	(0.069)	(0.069)	(0.069)
妻無職ダミー	0.016	0.027	0.021	0.026
	(0.095)	(0.096)	(0.096)	(0.096)
基礎学力	0.043			
	(0.042)			
教師の質		0.091		
		(0.036)**		
いじめ			0.090	
			(0.038)**	
個別対応				0.094
				(0.042)**
定数項	-3.939	-3.942	-3.854	-3.891
	(1.361)***	(1.353)***	(1.358)***	(1.358)***
対数尤度	-491.01	-488.23	-488.71	-489.09
擬似 R²	0.048	0.054	0.053	0.052
サンプルサイズ	758	758	758	758

[①] 表5-3中的日语关键词的中译文同表5-2。

第8节 子女择校与制度的关系

由第7节的实证研究结果可以看出,关于父母让子女上私立学校的主要原因,除了父母的收入、工作等家庭属性,还有对公立学校的不信任感。

那么,该如何评判近年来日本所探讨的引进择校制度和教育券制度呢? 对这样的制度持肯定态度的人认为,应该通过教育券制度和择校制度促进家长自由选择学校,进而加强学校之间的竞争,提高教学质量。例如,八代(2007)指出,现行的以"义务教育不应适用市场原则"为基本思想的政策,并没有充分理解家长的需求。另外,私立学校和校外补习班确保了越来越多的生源,由此产生的竞争又促使他们不断提高教学质量。这促进了校外补习班的繁荣,却使得"义务教育的无偿化"有名无实。解决这一问题的对策是,国家不应该采取统一的教育政策,而应该以地区为单位设立能够满足教育服务使用者的需求的多样化公立学校,并通过竞争提高教学质量。

确实,本章的实证研究结果也表明,父母对公立学校的不满是其让子女去私立学校的主要原因。另外,年收入不到1000万日元的阶层倾向于不让子女上私立学校。可见,重视子女的教育,想让子女上私立学校,但因年收入低而让子女上公立学校的家庭也是存在的。因此,父母通过择校制度和教育券制度,降低了让子女自由择校的成本。对于过去没有余力将子女送入私立学校或没有余力搬到教育条件较好的地区的阶层来说,子女择校的自由度变高了。学校方面也会努力提供更好的教育服务。最终结果是,教育质量可能得到很大改善。

但是,择校制度和教育券制度存在以下3个问题。

第1个问题是:存在推出选项。

Hirschman(1970)认为,当一个集团的利益相关者对该集团感到不满时,有2种处理方法。一是退出(Exit)这个集团。例如,对某商品的质量和价格感到不满的消费者可以不购买该商品,而购买其他公司的商品等。二是发声(Voice)。也就是说,对这个集团表达不满,提出抗议。例如,对商品不满的消费者可以向该公司投诉。Exit-Voice模型的一个应用实例是"企业中工会的作用"。也就是说,如果工会听取劳动者的抱怨,并通过与经营方交涉而使问题得到解决的话,劳动者不离职的概率就会变大(Freeman and Medoff,1984)。

Hirschman(1970)运用发声和退出的概念,指出了在公立学校出现问题时进行改革的困难性。当公立学校出现问题时,教育服务的利用者可采取2种办法,即把孩子送到作为替代选项的附近的私立学校(退出)和向公立学校投诉(发声)。但是,与发声相比,退出的成本更低。因此,当公立学校存在问题时,教育服务的利用者一般会选择退出。也就是说,学生会流失到私立学校。特别是那些比较在意教育问题的人,会率先选择退出公立学校。也就是说,当存在退出这一选项时,公立学校就容易失去从内部解决学校问题的机制。

第2个问题是:存在外部效果。例如,让我们试着比较一下周围都是优秀孩子的环境和周围都是落后孩子的环境。不言而喻,在周围都是优秀孩子的环境中,孩子之间互相给予良性刺激,教育效果会更上一层楼。这就是"同侪效应"。因此,当普遍认为这是一所不好的学校时,那些热衷于教育的父母就不会送孩子去就读。在"同侪效应"的作用下,该学校的教育水平将进一步下降,自此陷入恶性循环。

第3个问题是:存在相对年龄效应。相对年龄效应是指同一个年级的孩子(因出生月份不同,实际年龄也不同)中年龄大的孩子考试分数更高的情况。从日本的实际情况考虑的话(日本新学期是4月入学),上一年4月出生的人比当年3月出生的人实际上将近长1岁,所以发育的程度更高。显而易见,孩子在年龄小的时候,相差1年的话,差异会很大。一般来说,随着年龄的增长,相对年龄效应会发生变化。另外,川口(2006)和川口・森(2007)的研究显示,不仅是早期的学力,在最终学历上,早出生的人和晚出生的人之间也会存在差异。

从这一效应来看,早期选拔可能会使家庭之间阶层格差的代际转移一直持续下去。实际上,Bauer and Riphahn(2006)使用瑞士的数据进行的实证研究表明,早期选拔对拥有高学历的父母的子女更有利,这也导致了教育格差的代际转移。

如前所述,对公立学校的不满会促使父母将子女送进私立学校。结合Exit-Voice理论、"同侪效应"和相对年龄效应来看,孩子的早期选拔对整个社会来说是有弊端的。因此,我们认为以下教育政策是比较理想的。

首先,制定政策时需要尽量避免只有重视教育问题的富裕阶层才能进入私立学校或搬到教育条件较好的地区从而享受到优质教育服务的情况。其次,需要制定政策来抑制由择校成本降低导致的发声效应减弱的情况,以及由负面意义上的"同侪效应"导致的地区公立学校教学质量下降的情况。再次,赤林(2007)主张限制私立学校对学生的选择权,这一政策也可以认为是理想的教育政策之一。最后,正如荒井(2007)所指出的那样,学生即使遭到校园霸凌也不能转学的情况是有问题的,需要制定政策保证学生在遭到校园霸凌后可以转学。就现状而言,日本的现行政策是允许学生以遭到校园霸凌为由转学的。但也如荒井(2007)所指出的那样,如果被人知道自己是因为遭到校园霸凌而转学的话,那么在新的学校遭到校园霸凌的可能性也会变高。我们认为,应该充分尊重孩子(父母)的择校权。但最重要的还是,无论哪所学校,都要消除校园霸凌现象。如果校园霸凌消失了,父母在让子女择校时,就不会将其作为需要考虑的因素。

第9节　由本章推导出的2个政策层面上的含义

关于私立学校和公立学校的选择,目前已有基于个人属性进行的分析研究,但尚无基于父母对子女所在的教育社会环境的认识产生的影响进行的分析研究。本章重点分析了让子女上私立学校的父母和让子女上公立学校的父母在个人属性和对教育现状的认识这2个方面存在的差异。也就是说,本章的贡献在于,验证了"对公立学校的不满会促使父母将子女送进私立学校"这一假设。

另外,虽然社会格差问题备受人们关注,但也有人主张"对成功人士的嫉妒是不可取的"。在他们的主张背后有这样的信念存在:基于合理的规则取得成功的人是值得赞扬的,过分主张结果的平等会使社会失去活力。但是,我们有必要重新审视所谓的规则的合理性。无论是从『家計調査年報』,还是从本章的实证研究结果来看,收入超过一定水平的人,让子女上私立中小学的比例会更高。这无疑佐证了以下事实:父母一代结果的不平等(即收入格差),阻碍了下一代(子女)获得平等教育的机会。从本章的研究结果来看,一些家庭年收入较低的阶层,尽管在培养基础学力方面对公立中小学抱有不满,也想通过让子女上私立中小学来消除心中的不安,但是由于受到教育费用的限制不得不选择了放弃。

由本章可以推导出2个政策层面的含义。

第一，充实奖学金制度，消除因经济困难而无法择校的阶层。这是因为，在发达国家中，日本的公共部门的教育支出占GDP的比例最低，必须增大公费支出。①

第二，通过提高教师质量、推行小班制来培养孩子的基础学力，由行政机关有责任地推进相关政策，以消除父母对公立学校的不满。

虽然这2项政策很难兼顾，但仍需兼顾。因为，第1项政策的推行会使退出某所学校变得容易，从而会导致该学校的问题难以通过内部发声的形式得到解决。

本章分析了义务教育阶段的择校问题。显然，私立学校也有各种各样的性质，例如：像庆应那样有自己直属大学的学校、没有自己直属大学的学校、虽有自己直属大学但大多数学生会报考其他大学的学校、上述特征都不明显的学校、大学升学率可观的私立初高中一贯制学校等。而且，即使是上私立学校，父母让子女升入小学和升入初中的动机也会有微妙的差别。虽说是私立学校，但根据学校性质的不同，父母对教育的需求也会有所不同。今后，笔者将重点关注私立学校的性质，并对其进行更深层次的分析。这也是今后的课题之一。

---

① 详见橘木（2006）。

第6章　地区间人口流动和义务教育经费国库负担制度

第1节　"无禁区的结构性改革" 与义务教育经费国库负担制度

2001年,日本进行了"无禁区的结构性改革",其中一项内容就是改革义务教育经费国库负担制度。[1]本章拟研究义务教育经费国库负担制度的实施情况,并从经济学视角一窥改革的可行性。

本章的结构如下。第1节导入相关概念,并阐述研究内容和研究目的。第2节梳理义务教育经费国库负担制度的历史背景,并阐述其改革内容及方向。第3节从经济学视角探讨"三位一体"改革的意义。第4节对义务教育经费国库负担制度进行具体说明。第5节从简单的微观经济学视角分析探讨义务教育经费国库负担制度的影响。结果显示,如果区域之间存在教育投资溢出效应,就容易陷入"囚徒困境",可能呈现出教育投资不足的局面。第6节利用统计数据和微观数据,对由地方到城市的人口流动进行简单的实证分析,表明儿时在地方居住、大学在县[2]外就读的人毕业后倾向于留在城市工作和生活。第7节针对现行教育制度受到文部科学省的中央集权性教育行政的干预,地方的多样化教育行政受到限制这一现状,简要论述改革方案中提出的"总额裁量制"。第8节总结本章内容,并指出今后教育行政政策的发展方向,以及当前论述中的不足之处。

第2节　义务教育经费国库负担制度的变迁

义务教育经费国库负担制度是指基于《宪法》和《教育基本法》的理念(国家向国民免费提供义务教育、国民有接受义务教育的权利、监护人有让子女接受义务教育的义务)国家和地方政府各司其职,共同承担义务教育经费的制度。

---

① 义务教育经费国库负担制度是指义务教育经费由国家财政拨款的制度。——译者注
② 日本的县相当于中国的省。——译者注

义务教育经费国库负担制度始创于 1940 年,但其在 1950—1952 年因"肖普劝告"①曾一度被中止,后应全国知事会②的要求(中岛,1970:794),于 1953 年得以恢复。此后,该制度的国库负担的范围不断扩大,并发展至今③。

但是,顺应"三位一体"改革的趋势,日本于 2006 年对《义务教育经费国库负担法》进行了修订,其在将国家财政拨款部分由原来的 1/2 降至 1/3 的同时,也明确表示将继续坚持义务教育经费国库负担制度。

关于上述改革内容,多方各执一词。如果聚焦前半部分,即减少国家财政拨款,那么可以认为"三位一体"改革使国家将权力下放到了地方;如果聚焦后半部分,即继续坚持义务教育经费国库负担制度,那么可将其理解为国家会继续拨款,继续承担相关责任。

第 3 节 "三位一体"改革的经济学意义

我们不妨先探讨一下什么是日本的"三位一体"改革,这一改革与义务教育经费国库负担制度又有何联系? 所谓"三位一体"改革,指国家为有效实施地方分权而进行的改革,具体包括:(1)削减和废除国库补助负担金;(2)将国税的一部分转为地方税,从而将税源移交给地方政府;(3)调整地方交付税交付金。同时推行上述 3 项改革,可以减少各地方政府制定预算时所受到的来自国家层面的制约,有助于各地方政府因地制宜地制定政策。

《地方分权总括法》于 1997 年通过,2001 年生效。由此,被批判为"建立中央集权行政系统的原因之一"的机关委任事务制度被废除,取而代之的是自治事务制度和法定受托事务制度。与机关委任事务制度不同,自治事务制度和法定受托事务制度淡化了国家和地区间的上下级关系,各地方议会被赋予更大的

① "肖普劝告"是指美国经济学家、日本税制使节团团长卡尔·肖普(Carl Shoup)先生于 1949—1950 年 2 次向联合国军总司令部提交的税制改革相关建议。——译者注
② 全国知事会即全国各地方政府首脑会议。——译者注
③ 1943 年的差旅费、1948 年的退休津贴、1953 年的教材费、1956 年的恩给费(养老金、抚恤金)、1962 年的共济费(保险费)依次成为国库负担的对象。之后发生了一些变化,例如:1985 年差旅费和教材费被纳入一般财源;2004 年退休津贴被纳入一般财源;等等(文学科学省,2005)。

权限,这也是地方分权向前迈出的一步。然而,由于该改革只下放了权力,并未移交税源,所以又被批判为"改革不充分"。政府接受了这一批判意见,开始推行"三位一体"改革。"三位一体"改革的内容之一便是削减义务教育经费国库负担制度中的国库补助负担金,而该制度的存废也成了各方争论的焦点。

国库补助负担金是指由国家指定用途,交付给地方政府的国库补助金、国库负担金、国库委托金。其交付对象涉及公共服务事业、社会保障、教育等广泛的领域(川北,2003:110)。为确保公共服务事业不低于国家最低标准,国家向地方政府下拨国库补助负担金并规定其用途。因此,国库补助负担金又被称为"特定补助金"。至于地方交付税交付金,其原则上由地方政府自行判断使用目的,故又被称为"一般补助金"[①]。

由于"特定补助金"的用途仍由国家掌控,地方政府无法自由支配这笔款项,也就难以制定实施自主的政策,所以这也被批判为"违背地方自治理念"。因此,有观点认为,应该废除国库补助负担金,并将税源移交给地方政府,或将"特定补助金"改为地方交付税交付金等"一般补助金"的形式,由地方政府自行决定款项用途,从而发挥地方政府的自主性。义务教育经费国库负担制度就是这类备受批判的"特定补助金"的对象之一。

上述观点涉及2个焦点:一个是,对于不可或缺的公共服务事业,是由国家运作好,还是由地方政府运作好? 另一个是,"特定补助金"和"一般补助金"哪个更能发挥效用? 如果先说结论的话,从经济学的观点来看,原则上应由地方政府运作公共服务事业,且补助金以"一般补助金"为佳,但也有例外,如义务教育经费国库负担制度。以下从经济学视角对此进行说明。

从经济学视角来看,原则上,与其由国家运营公共服务事业,不如实施地方分权,即让地方政府成为运营公共服务事业的主体,这样能产生更好的效果。此外,"一般补助金"比"特定补助金"更能发挥效用。

"软预算约束理论"就为我们解释了地方政府更适合运营公共服务事业的理由。赤井·佐藤·山下(2003)也对此进行了详细的论述。另外,通过"粘蝇纸效应"也可以证明原则上"一般补助金"比"特定补助金"更为有效。这里的

[①] 在"三位一体"改革中,将指定用途的"特定补助金"变为不指定用途的"一般补助金"的情况叫作补助金的一般财源化。——译者注

"粘蝇纸效应"是指"特定补助金"抬高了地方政府提供公共服务的相对价格,从而有损社会福利的现象。

林(1995)结合实例说明了这个问题。其批判性地指出,"特定补助金"扭曲了地方政府的预算分配结构,当有1亿日元的预算时,如果用于没有补助金的单项事业项目,那么地方政府只能做成1亿日元的事业项目。然而,如果国家补贴一半的补助金,地方政府就有可能做成2亿日元的事业项目。如此,地方政府的预算往往会强行向有补贴的项目倾斜,即使从居民需求的角度考虑,其优先级也不高。但是如前所述,关于这个原则,也有例外的情况,如义务教育经费国库负担制度。

第4节　关于义务教育经费国库负担制度的争论

第3节阐述了"三位一体"改革在经济学上的意义,本节将围绕"三位一体"改革中的废除义务教育经费国库负担制度并将国库补助负担金一般财源化,一探其问题点所在。

义务教育经费国库负担制度是这样一项制度:为维持和提高全国义务教育水平,以及保障"教育机会平等",实施公立义务教育的各学校的骨干教职工的工资、津贴等费用由地方政府的都道府县承担。同时,国家有义务支付各地方政府的都道府县所承担的费用的1/2(中央教育審議会,2005)。该制度的宗旨是,通过国家的财政支出保障国家最低标准的义务教育。

目前,关于义务教育经费国库负担制度的改革,争论的焦点是"公立中小学的教职工的工资应该由谁承担? 怎样承担?"的问题。在此,我们先来看2份立场对比鲜明的资料:一份资料是『新しい時代の義務教育を創造する(答申)』(因为中央教育审议会也有地方政府6个团体的委员参加,他们在中央教育审议会的报告中提出了反对意见,所以准确地说,报告是中央教育审议会的多数人的意见);另一份资料是地方政府6个团体提出的『新しい時代の義務教育を創造する(答申)に対する意見』。前者的立场是坚持义务教育经费国库负担制度,后者的立场是将义务教育经费国库负担制度中的"特定补助金"变为"一般补助金",即一般财源化。以下,我们拟通过研讨这2份资料来检验上述问题点。

中央教育审议会的主张如下：根据日本宪法第 26 条中的"全体国民，按照法律规定，都有依其能力所及接受同等教育的权利"这一理念，国家有责任保障义务教育的基础，即教育机会均等、教学质量良好、免费制等。加强义务教育，保证所有公民都可以接受一定水准的、没有区域差异的义务教育，这也是防止贫富差距扩大和社会阶层进一步分化的重要一环。因此，加强义务教育，维持社会安全网（即社会保障体系），对社会的存在和发展而言是不可或缺的（中央教育審議会，2005）。

基于上述基本理念，最终可得出的结论是：为了维持义务教育的基础，继续强化国家责任，需要国家和地方共同承担实施义务教育的教职工的全额工资，如现行的负担率为 1/2 的国库负担制度就是很好的保障方法，今后也应该维持下去（中央教育審議会，2005）。

地方政府 6 个团体的主张如下：宪法所规定的教育机会均等、教学质量良好、免费制等义务教育的基础与义务教育经费国库负担制度的存废是互不相干的。在现行的负担率为 1/2 的国库负担制度下，也不存在教育财源不足的问题。此外，地方政府的行政首脑和地方议会须随时接受当地居民的监督和批评，并严格遵守"居民有权解职地方政府首脑或解散地方议会"这一法律规定。如此，相较于国家调控，这更能反映民意。当地居民最关心的是子女教育，因此教育是地方行政工作的重中之重。

另外，义务教育经费国库负担制度中的国库补助负担金的一般财源化会带来以下 5 个方面的效果：①在符合国家相关标准的基础上，可以有效激发地方政府的主人翁意识，让其根据当地教育环境和学生的实际情况更为灵活地进行学校设置、班级编制和教职工配置；②地方政府还可以高效地将财政资源用于聘用教学水平较高的外部人才或进行外部委托、购买及开发教材、配置相关教学设施等有助于提高教学效果的措施上；③能让地方居民清楚地了解地方政府在义务教育上的责任，促进各项措施的有效落实；④通过创意创新，使各地对教育相关问题的探讨更加活跃；⑤国家和地方在相关材料的审批、成果的汇报和验收等方面花费了大量的人力和物力，而国库补助负担金的一般财源化可以提高国家和地方的办事效率。

总而言之，中央教育审议会与地方政府 6 个团体的意见不一致：中央教育审议会认为为保障教育机会均等、教学质量良好、免费制等义务教育的基础，需要国家进行调控与干预;但地方政府6个团体认为通过一般财源化,地方政府可以尝试根据各地区的实际情况实施个性化教育。另外,地方政府6个团体还认为,因为有地区居民民主制的监督与管控,所以义务教育水平有保障,目前由地方政府承担教职工工资的制度也没有出现财源方面的不足,所以一般财源化并无不妥。

我们认为前者的主张基本上是妥当的,后者的主张却存在一些问题。因此,我们将在下面的章节中讨论后者观点的问题所在。

第5节　义务教育经费国库负担制度的意义和效果

如第3节所述,我们认为原则上地方政府运作公共服务事业比国家效率高,且"一般补助金"比"特定补助金"更有效,但存在例外,如义务教育经费国库负担制度。我们想在此进行一些补充说明。

赤井・佐藤・山下(2003)列举了"特定补助金"比"一般补助金"更为有效的情况:(1)当存在区域外部性时;(2)在公平地保障一个国家最低水平的公共服务时。

另外,小盐隆士在2004年2月2日召开的中央教育审议会初等中等教育分会上表示:"一般来说,不指定用途的'一般补助金'更为有效……但是,在某些情况下,'特定补助金'更为理想。例如,从受益上来说,对于其他地区有溢出效应的公共产品或者保障国家最低标准的公共产品,如果以'一般补助金'交付的话,从长远的、国家的视角来看,那么可能会导致公共产品的供应不足。"[1]

但是,以上两者都没有运用经济学的方法来说明在改革了义务教育经费国库负担制度,国库补助负担金变为"一般补助金"的情况下,教育投资就会减少的具体机制。因此,以下将通过简单的经济学(博弈论)来说明国库补助负担金变为"一般补助金"时的问题点。

我们设定如下模型:假设存在A、B这2个地区。假设A地区和B地区在子女教育投资上需要花费1的费用,而能得到3的收益。当然,此处只是举个例

---

① 详见 http://211.120.54.153/bmenu/shingi/chukyo/chukyo3/siryo/94040902.blog.soufun.com/q_19563.htm。

子,并不意味着收益就是花费的 3 倍,只是为了说明对子女进行教育投资,收益会大于成本。以上关于子女教育投资的收益大于成本的假设,应该也符合常理。[1]相反,如果不进行教育投资,就不会产生成本,当然也不会有收益。表 6-1 显示了当地区间不存在人口流动时,进行教育投资和不进行教育投资的 A 地区和 B 地区的收益情况。

表6-1　教育投资对地区的影响(在没有人口流动的情况下)[2]

A　　　　　B	投资行う	投资行わない
投资行う	(2,2)	(2,0)
投资行わない	(0,2)	(0,0)

注:括号中,左边是 A 地区的收益,右边是 B 地区的收益。

由此,我们可以得出表 6-1 的收益矩阵。由表 6-1 的第 2 列可以看出,当 B 地区进行教育投资时,A 地区会做出投资或不投资的选择:投资的话,A 地区的收益是 2;不投资的话,A 地区的收益是 0。可见,A 地区进行投资时的收益更高,所以有必要进行教育投资。表 6-1 的第 3 列则展示了当 B 地区不进行教育投资时,A 地区进行投资和不进行投资的情况:如果 A 地区进行投资,那么收益为 2;如果 A 地区不进行投资,那么收益为 0。所以,A 地区进行教育投资时的收益更高。可见,无论 B 地区是否进行教育投资,A 地区都是在进行教育投资时的收益更高,所以 A 地区会进行教育投资。对 B 地区来说,也是同样的情况。无论 A 地区是否进行教育投资,B 地区在进行教育投资时的收益也都更高,所以 B 地区也会进行教育投资。最后的结果是,不管对方采取什么行动,A 地区和 B 地区都会进行教育投资。在博弈论中,(A,B)=(进行投资,进行投资)这个解被称为纳什均衡解。

在(A,B)=(进行投资,进行投资)这一情况下得到的社会总收益为 4,比其他情况下的收益都高,可见各地区在追求自己的收益最大化的同时,社会总收益也实现了最大化,两者之间不存在矛盾。但是,在以下情况中,各地区自身收

---

[1]　岛(1999b)对大学升学行为进行了分析,其认为自 20 世纪 80 年代后半期以来,上大学的收益率一直处于 6% 左右的较高水平。

[2]　表 6-1 中的日语「投资行う」「投资行わない」的中译文分别为"投资""不投资"。

益最大化与社会总收益最大化之间是相悖的。

这里假设教育投资的成本和收益情况与前面相同,但地区间存在人口流动。为便于研究,我们假设人口会100%流动。也就是说,我们可以设想一下这样的案例:在A地区接受教育投资的所有孩子都流动到B地区,因此B地区将获得教育收益;相反,在B地区接受教育投资的所有孩子都流动到A地区,因此A地区将获得收益。

此时,如果B地区进行教育投资,在B地区接受教育投资的孩子全部流入A地区,那么A地区的收益为3。若A地区不进行教育投资,则收益为3;若A地区进行教育投资,则收益为3-1=2。我们不妨再设想一下B地区不进行教育投资的情况。在这种情况下,A地区进行教育投资需要1的费用,但是A地区的孩子会流动到B地区,因此A地区的收益为0-1=-1。如果A地区不进行教育投资,那么收益为0。如果对B地区和A地区进行同样的考虑的话,那么结果如表6-2所示。

在这种情况下,A地区和B地区会各自采取什么样的战略呢? 如果B地区进行教育投资,那么A地区进行教育投资时收益为2,而不进行教育投资时收益为3。如果地区B不进行教育投资,那么A地区进行教育投资时收益为-1,而不进行教育投资时收益为0。

表6-2 教育投资对地区的影响(在人口流动的情况下)①

A＼B	投资行う	投资行わない
投资行う	(2,2)	(-1,3)
投资行わない	(3,-1)	(0,0)

注:括号中,左边是A地区的收益,右边是B地区的收益。

可见,对A地区来说,不论B地区是进行教育投资还是不进行教育投资,A地区不进行教育投资的收益都会更高。同样,对B地区来说,不论A地区的战略如何,B地区不进行教育投资的收益都会更高。其结果就是纳什均衡解(A,B)=(不进行投资,不进行投资)。

---

① 表6-2中的日语关键词的中译文同表6-1。

但是,A地区和B地区都不进行教育投资对整个社会来说是一件好事吗?如果双方都进行教育投资,那么A地区和B地区都能获得2的收益。但是,如果双方都不进行教育投资,那么A地区和B地区的收益都为0,也就是说,社会的总收益为0。在博弈论中,这种状态被称为"囚徒困境"。

地区间是否有人口流动,对结果的影响很大。直观点说,当地区间存在人口流动时,A地区和B地区的决策者都明白,即使对孩子进行教育投资,孩子也会流动到其他地区,不会给自己地区带来收益。因此,与其投资自己地区的孩子,不如期待其他地区被投资的孩子迁移到自己的地区来。于是,决策者在投资方面会优先考虑能令自己地区受益的投资项目,而不会优先考虑收益会外溢到其他地区的教育投资。由于各地区都抱有同样的想法,因此各地区的教育投资都会很大程度上低于社会合理水平。

综上所述,我们可将由模型推出的理论含义总结如下:尽管收益率高且从社会整体层面而言投资教育是合理的选择,但是由于地区间存在人口流动,若将教育投资的决定权下放到各地区,各地区则会选择追求自己地区利益的最大化,因此对于整个社会而言,教育投资不会得到最优的配置。

将此模型套用到日本的教育体系中,可进行如下推论:日本的大学大多集中在大都市圈,很多日本人从义务教育阶段到高中都生活在家乡,之后离开家乡进入大都市圈内的大学就读。虽然也有毕业后返回家乡的情况,但是大多数人因在家乡难以找到合适的工作而选择在大都市圈工作、定居。地方政府深知这些受过教育的人会从地方流向城市,因此可能不愿意对当地进行更多的教育投资。

该模型还显示了以下内容:长期以来,以地方交付税交付金和公共服务事业的形式来实现的由中央到地方的资源再分配政策一直饱受诟病,但就义务教育的预算而言,由于人口流动的存在,可以说是各地方承担了义务教育的费用,而大都市圈享受了其中的红利。地方政府为了让孩子接受义务教育而支出了费用,由于这些孩子长大后会迁移到大都市圈,因此是大都市圈在享受地方政府积累的人力资本所产生的利益。一般来说,大都市圈对地方圈的财政再分配政策(财政转移支付)往往饱受诟病,但就教育经费支出而言,其可以理解为地方圈对大都市圈的逆向再分配。

此外,该模型与以往的论点在以下几个方面有所不同。在以往的论点中,改革义务教育经费国库负担制度时,东京等大都市圈姑且不论,最令人担忧的是,那些本就容易陷入财源不足的地方政府会消减其对教育的投资。但通过该模型我们可以发现,不论财源规模如何,各地区对教育的投资都主要取决于地区间人口流动带来的教育投资效果的外溢程度。因此,即使是财源多的地区,如果人口流动较大,其也有可能做出不进行教育投资的决策。

即使是在现行的由地方政府承担一半义务教育经费的教育体系之下,尚且不能排除教育投资不足的可能性。如果义务教育经费全部交由地方政府负担,即将义务教育经费一般财源化,那么相较于会因人口流动而产生溢出效应的义务教育投资,部分地方政府会更倾向于投资其他能给当地带来收益的项目。

虽然教育投资的不足会导致社会整体层面上的问题,但是如果建立义务教育经费一般财源化的教育财政制度,那么地方政府采取这样的行为也在情理之中。从经济学的观点来看,与其寄希望于各地方政府的"良知",倒不如精心进行制度设计,融入激励机制,促使地方政府提高教育投资以达到社会期待的教育水平。

支持地方分权的人批评了以上观点,他们表示"令人怀疑其品德"(新藤,2005)。这一观点由于缺乏逻辑上的解释,所以只能视作推测,他们可能是出于对地区居民的基于民主主义原则的监督体制的信任。但是,如果"收益和付出对等"的原则不能得到满足,适当规模的公共投资就很难实现。典型的例子就是对公共服务事业项目的过度投资。虽然公共服务事业长期以来因投资过度而备受批评,但对于教育,人们则是担心投资不足。尽管二者的情况完全相反,但在"投资规模不合理"这点上,二者是一样的。

新藤(2005)认为,现在的义务教育经费并非全部由国家财政承担,公立高中的日常费用就全部由地方负担。新藤(2005)指出,关于义务教育的最大问题已经不是国库负担这一问题了。上述模型表明,现在的制度仍有待完善。不过,显而易见的是,如果继续减少教育经费国库负担部分,那么问题只会变得更加严重。

第6节 关于地区间人口流动的量化分析

在第5节中,我们通过简单的"囚徒困境"解释了地区间人口流动导致的地方政府在自主决定教育投资额度时产生的问题点,并指出了地方政府的教育投资受地区间流动的影响可能产生的溢出效应。本节将对溢出效应进行量化分析。

首先,我们结合统计数据来考察一下高中生中上县外大学的人数情况。表6-3和表6-4为文部科学省进行的学校基本调查的结果,其显示了日本各都道府县的县外大学升学率。那些县外大学升学率排名靠前的都道府县,虽然每年在排名上会有一些变动,但可以观察到其长期以来的倾向。

县外大学升学率较高的都道府县可分为2类:一类位于大都市圈和大学城周边,如奈良县和滋贺县。这些县的大学生虽说考入了县外的大学,但大多还是从自己家里走读上学的。另一类并不位于大都市圈和大学城周边,如富山县、香川县、福井县。这些县的大学生大多考入了大都市圈内的大学。

表6-3 县外大学升学率(上位)①

	1995年		2000年		2005年	
	奈良県	39.8	奈良県	45.9	奈良県	46.5
	滋賀県	39.5	滋賀県	42.3	岐阜県	42.5
	富山県	38.8	和歌山県	42.1	滋賀県	42.5
	静岡県	37.4	富山県	41.3	和歌山県	42.2
上	和歌山県	36.7	香川県	40.4	富山県	41.7
位	香川県	36.5	山梨県	40.4	三重県	40.0
	福井県	36.5	岐阜県	39.8	山梨県	39.8
	岐阜県	36.4	長野県	39.8	香川県	39.5
	三重県	36.2	福井県	38.5	福井県	38.9
	山梨県	35.2	静岡県	37.8	長野県	38.3

---

① 表6-3中的日语「上位」「奈良県」「滋賀県」「富山県」「静岡県」「和歌山県」「香川県」「福井県」「岐阜県」「三重県」「山梨県」「長野県」的中译文分别为"上位""奈良县""滋贺县""富山县""静冈县""和歌山县""香川县""福井县""岐阜县""三重县""山梨县""长野县"。

表6-4　县外大学升学率（下位）①

	1995年		2000年		2005年	
下 位	大阪府	21.8	大阪府	23.9	大阪府	24.3
	新潟県	20.9	鹿児島県	23.3	青森県	23.9
	愛知県	20.5	東京都	22.1	鹿児島県	23.2
	青森県	19.1	青森県	21.6	東京都	22.2
	東京都	18.1	熊本県	18.5	熊本県	18.9
	熊本県	16.7	愛知県	17.0	福岡県	17.0
	福岡県	15.4	福岡県	16.5	宮城県	16.8
	宮城県	13.4	宮城県	15.6	愛知県	15.8
	沖縄県	9.2	沖縄県	12.8	沖縄県	13.6
	北海道	8.8	北海道	9.9	北海道	10.4

县外大学升学率低的都道府县也可以分为2类：一类是距离大都市圈较远的，如冲绳县、鹿儿岛县、熊本县；另一类是位于大都市圈中心的，如东京都、大阪府、爱知县、宫城县、福冈县等。

由以上结果可以看出，居住在大都市圈的人会在自己出生县内的大学就读，而居住在大都市周边的都道府县和地方圈的人则会在县外的大学就读。因此，高水平的教育未必会给这些县带来好处。话虽如此，其中也不乏一些在大学毕业后回到自己家乡的人。这里，我们将尝试对大学毕业后的人口地区间流动的情况进行分析。显然，在进行此类量化分析时，使用追踪调查个人属性变化的面板数据是最为理想的。但是，由于日本不存在以高中毕业为起点的面板数据，所以我们拟利用以个人为对象的截面数据来分析儿时居住地和现居住地之间的关系。

这里，我们使用的是日本版 General Social Surveys（以下简称"JGSS"）2000年至2002年的数据。②本章从中选取了50岁以下，且15岁时在地方圈居住的个人样本③。本章把东京都、神奈川县、千叶县、崎玉县、爱知县、大阪府、兵库县归为都市圈，把除此之外的县归为地方圈。

---

① 表6-4中的日语「下位」「大阪府」「新潟県」「愛知県」「青森県」「東京都」「熊本県」「福岡県」「宮城県」「沖縄県」「北海道」「鹿児島県」的中译文分别为"下位""大阪府""新潟县""爱知县""青森县""东京都""熊本县""福冈县""宫城县""冲绳县""北海道""鹿儿岛县"。

② JGSS是文部科学省指定的学术前沿推进基地大阪商业大学比较地域研究所与东京大学社会科学研究所共同实施的研究项目。在有效回答数量方面，JGSS2000为2893（回收率为64.29%）、JGSS2001为2790（回收率为62.00%）、JGSS2002为2953（回收率为59.06%）。

③ 排除了无回答的样本。

关于被解释变量,我们将居住在都市圈的人设为1,将居住在地方圈的人设为0。以下进行probit分析①。由此不难分析出15岁时居住在地方圈的人之中,现在居住在都市圈的人和现在仍然居住在地方圈的人的个人属性的差异。关于解释变量,我们使用年龄、学历、就业形态、家庭属性、房产(虚拟变量)。

估算结果如表6-5所示。关于男性,长子(虚拟变量)的显著性水平为10%,呈负显著性。可见,15岁时居住在地方圈的长子有现在仍居住在地方圈的倾向。作为日本一直以来的惯例,长子与父母同住的情况较多。从数据上来看,15岁时居住在地方圈的长子与其他人相比,现在仍居住在地方圈的人所占比例较大。

表6-5　估算结果②

	男性			女性		
	係数	標準誤差	漸近的 t 値	係数	標準誤差	漸近的 t 値
年齢	0.010	0.008	1.33	0.025	0.007	3.51
きょうだい数	-0.001	0.004	-0.32	-0.001	0.006	-0.19
長男(長女)ダミー	-0.216	0.122	-1.77	-0.117	0.146	-0.80
経営者	-0.658	0.361	-1.82	-0.403	0.519	-0.78
非正規	0.169	0.287	0.59	0.446	0.139	3.22
自営業	-0.718	0.294	-2.44	-0.321	0.265	-1.21
無職	-0.393	0.334	-1.18	0.212	0.137	1.55
持ち家ダミー	-1.033	0.124	-8.33	-0.606	0.116	-5.23
短大卒	0.160	0.222	0.72	0.181	0.126	1.43
大卒	0.419	0.125	3.35	0.651	0.152	4.28
年次ダミー	yes			yes		
対数尤度	-300.37			-366.96		
擬似 R²	0.157			0.079		
サンプルサイズ	807			870		

关于就业形态,企业经营者和个体经营者均呈负显著性。可见,这些就业

___

① 关于probit模型的说明,可参照本书第5章。

② 表6-5中的日语「男性」「係数」「標準誤差」「漸近的 t 値」「女性」「年齢」「きょうだい数」「長男(長女)ダミー」「経営者」「非正規」「自営業」「無職」「持ち家ダミー」「短大卒」「大卒」「年次ダミー」「対数尤度」「擬似 R²」「サンプルサイズ」的中译文分别为"男性""系数""标准偏差""渐近的 t 值""女性""年龄""兄弟姐妹数量""长子/长女(虚拟变量)""企业经营者""非正式就业""个体经营者""无工作""房产(虚拟变量)""大专毕业""大学毕业""年度(虚拟变量)""对数似然""伪 R²""样本容量"。

形态的人居住在地方圈的比例较大。究其原因,可能是他们继承了父亲的事业。

而且,大学毕业(虚拟变量)呈正显著性。可见,15岁时居住在地方圈的人,若拥有本科以上学历,则现在居住在都市圈的概率会变大。也就是说,地方圈出身的大学毕业生在都市圈居住的概率会变大。就女性而言,大学毕业(虚拟变量)也呈正显著性。可见,地方圈出身的本科毕业生与其他学历的人相比,更倾向于居住在都市圈。结合上述结果,我们可以做出如下解释:地方圈的人倾向于考入县外大学,并且其大学毕业后居住在都市圈的概率也更大。

Ohta(2007)使用《庆应大学面板调查》的数据证明了以下事实:从地方圈流向都市圈的人的收入不仅高于在地方圈长大并留在地方圈工作的人,而且高于在都市圈长大并留在都市圈工作的人。对此,我们可做如下分析:地方圈出身的人倾向于去县外大学就读,毕业后也倾向于留在都市圈,因为其在都市圈找到高收入工作的概率较大。通过以上机制,地方圈的人才大量流向都市圈。

第7节 总额裁量制

以上章节用博弈论说明了一个事实:当地区间的人口流动导致教育投资产生溢出效应时,不应该以一般财源化的方式将财源移交给地方政府,而应该由国家负责教育支出。并且,实证分析结果显示,在地方圈居住的人有考入县外大学就读的倾向,而且在"学力调查"①中平均分越高的县,这种倾向就越明显。并且,我们进一步观察到,15岁时居住在地方圈的人中,学历越高,现在居住在都市圈的比例就越大。因此,虽然无法完全确定个人的地区间流动路径,但可以明确的是,考入县外大学的人毕业后居住在都市圈的可能性较大。总之,我们可以认为高学历人才正在从地方圈流向都市圈。

关于地方政府6个团体提出的制定地方自主的教育政策的主张,无论是场面话还是内心的真实想法,我们都是可以理解的。苅谷(2005)指出,"对文部科

---

① 指"全国学习状况调查",其为日本文部科学省对全国中小学最高年级(即小学六年级、中学三年级)学生实施的全国学力、学习状况调查,又称"学力调查"。——译者注

学省以往政策的批判和不满,是'三位一体'改革背景下他们主张废除义务教育经费国库负担制度的根本原因"。

确实,地方政府6个团体在其提交的『新しい時代の義務教育を創造する(答申)に対する意見』中表明,"文部科学省主导实施的'宽松教育'是在全国全面实施的政策,结果其在全国各地都出现了问题。如果能致力于地方特色教育,利用各地区的传统和独特文化,把重点放在培养多样化的人才上,就不一定会产生这样的结果"。另外,总务省的相关人员也对文部科学省的行政政策进行了指责:"在义务教育经费国库负担制度下,文部科学省推行的行政政策——对公立中小学实施'宽松教育',导致当今年轻人学力低下,并发展成了严重的社会问题。对此,文部科学省作何感想呢?"(務台,2004)

总之,对地方政府来说,他们的不满在于:文部科学省的教育行政政策阻碍了他们形成各自独立、独特的政策,他们不得不唯唯诺诺地去接受一些不符合当地情况的政策。由此看来,地方政府自然会对文部科学省中央集权式的教育行政政策心存芥蒂。

为了消除地方政府的这种不满,文部科学省需要想出既兼顾"教育机会平等",又兼顾地区自主性的解决办法。在2004年2月2日召开的中央教育审议会初等中等教育分会上,大家以这样的问题意识为背景,研讨了一般财源化、交付金化、总额裁量制这3个方案。关于一般财源化,这里不再赘述。交付金化是指,以客观指标为基准设定补助金金额,其用途交由地方决定的情形。总额裁量制是指,"用各都道府县教职工的平均工资单价乘以基于《义务教育标准法》所规定的教职工的额定人数得出总额,其1/2作为国库补助负担金,由国家分配给各都道府县,在实际执行过程中,各都道府县可以根据总额自行决定其中的工资所占比例及教职工人数"(文部科学省,2005)的制度[①]。

高木(2004)对国家省厅(各部委)的主张进行了归纳,具体如表6-6所示。

---

① 小盐隆士表示,交付金化和总额裁量制看起来没有太大差别;但文部科学省的有关人士表示,与交付金化相比,总额裁量制没有自由裁量的余地。

表6-6　各省厅(各部委)的主张①

文部科学省	文部科学省	総務省	財務省
国庫負担金法	堅持	廃止	廃止
人材確保法	堅持	廃止	廃止
義務標準法	堅持	廃止	廃止
提案	総額裁量制	財源委譲による一般財源化	児童者数等の客観的指標による交付金化
その他	事務職員	等・加配職員の一般財源化	定数改善計画の見直し

注：引自高木(2004:34)

　　对于2004年进行的基于客观指标的定额化、交付金化的制度改革这一课题,文部科学省提出了总额裁量制,并得到了社会的广泛认可。这一制度虽然在实际操作中可能略有变化,但该制度还是兼顾了义务教育经费的国家最低教育标准和地区自主性。从改革的方向性上来看,其较为理想。但是,正如高木(2004)所指出的,针对作为"三位一体"改革焦点之一的义务教育经费国库负担制度的改革问题,文部科学省、总务省和财务省之间,并没有达成一致意见。

　　在2004年,由于尚不明确总额裁量制的细节,各地区的教育委员会并没有积极地落实该制度。因为总额裁量制是个过渡性的制度(高木,2004:32),所以他们今后仍有必要对义务教育经费国库负担制度的研讨方向和总额裁量制的实际运用情况保持密切关注。

　　最后,让我们来谈谈人们热议的故乡税。故乡税是指,在地方圈长大并接受初等、中等教育的人,移居到都市圈后,将收入的一部分以税金的方式支付给培养自己成长的地区的制度。这一制度与本章所阐明的结论是一致的,即:可通过将移居都市圈的人的一部分利益返还给地方的形式,从一定程度上化解现行制度中存在的一些矛盾。

---

① 表6-6中的日语「文部科学省」「総務省」「財務省」「国庫負担金法」「堅持」「廃止」「人材確保法」「義務標準法」「提案」「総額裁量制」「財源委譲による一般財源化」「児童者数等の客観的指標による交付金化」「その他」「事務職員」「等・加配職員の一般財源化」「定数改善計画の見直し」的中译文分别为"文部科学省""总务省""财务省""教育经费国库负担制度""坚持""废除""人才确保法""义务教育标准法""提案""总额裁量制""通过移交财源实现一般财源化""根据儿童数量等客观指标实现交付金化""其他""事务职员""额定・加配职员的一般财源化""重新评估额定人数改善计划"。

第8节 义务教育经费国库负担制度和地区间再分配

本章详细讨论了义务教育经费国库负担制度的相关问题。从经济学的角度来说,原则上,与其由国家管理,倒不如将权力下放给地方。从这个意义上来讲,地方分权改革在方向上是正确的。但是,也有例外:当地区内的政策波及区域外(产生溢出效应)时,就会出现投资过少或过多的情况。就义务教育经费而言,如果移交给地方政府,恐怕会出现投资过少的情况。

本章列举了一个关于溢出效应的例子:假设地区间存在人口流动,那么很可能会出现任何地区都不进行教育投资的情况,即陷入"囚徒困境"。我们还讨论了如下情况:如果将义务教育经费一般财源化,那么即使在地区间实行地方交付税等再分配政策,问题也无法得到解决。

如果结合现实来评价以上情况,那么会怎样呢?实证分析结果显示,地方圈出身的人有考入县外大学就读的倾向。而且,地方圈出身的大学毕业生与高中毕业生相比,更倾向于居住在都市圈。由此可见,人才从地方圈流向都市圈的现象是实际存在的。这意味着,公共服务事业是从都市圈到地方圈的再分配,而教育则是从地方圈到都市圈的逆向再分配。

如果想在保障"教育机会平等"、确保国家最低标准的教学水平的同时,发挥地区自主性,那么实施教育行政政策才是最理想的做法。如前所述,为了保障国家最低标准的教学水平,发挥地区自主性,总额裁量制应运而生。该制度在维持国库补助负担金这一基本性质的同时,允许地方政府根据地区的实际情况灵活地进行班级编制和教职工配置,以及按照其发展规划实现自主的教育行政管理。

但是,关于义务教育经费国库负担制度改革的探讨,始终卡在"国家和地方应以何种形式负担教职工的工资"这点上。这是有问题的,因为义务教育所需的经费不仅仅指教职工的工资。正如第5章所述,还存在教材费等。更进一步说,父母选择让孩子上私立中小学和校外补习班而不是公立学校的主要原因之一就是现在的义务教育没有充分发挥培养基础学力的作用。如果义务教育能切实培养孩子的基础学力的话,就没有必要送孩子上私立中小学或校外补习班了。

　　为了给孩子提供安心的教育,国家和地方各自能做什么,又应该做什么呢?这也是现在应该探讨的重要问题。而且,一直以来通过公共服务事业从大都市圈到地方圈的再分配政策也存在一定的问题。另外,就教育投资而言,通过人口流动这一机制导致的人才从地方圈到大都市圈的逆向再分配,也值得我们进一步关注。

第7章　学历有什么意义

——聚焦于本人的意识

第1节　信号理论与人力资本理论

在日本,与学历社会相关的一些问题引发了很多争论,例如:日本是不是学历社会? 学历社会的对与错? 等等。早年,盛田(1966)及小池·渡辺(1979)就已对学历社会提出过质疑。

经济学中提出了 2 个可以用来解释教育效果的理论:一个是人力资本理论,另一个是信号理论。

人力资本理论是 Schultz(1963)和 Becker(1964)提出的理论。该理论认为,通过接受教育获得知识可以提高个人的生产性,从而获得高收入。个人会在衡量接受教育所带来的收入变化和接受教育所需的费用之后,决定自己接受何种程度的教育。而 Spence(1974)就教育效果提出了与人力资本理论完全不同的信号理论。该理论认为,接受教育不一定能提升个人能力。那么,人为什么要接受教育呢? 因为存在信息不对称性。也就是说,劳动者知道自己的能力,企业却不了解劳动者的能力。因此,企业会以具有平均能力的劳动者为标准支付工资。于是,有能力的劳动者为了证明自己有能力担任困难的工作,会努力获取很难取得的高学历。如果为了获取高学历而拼命学习所付出的代价高于高学历带来的收入的增加,那么人们会放弃争取高学历。相反,如果获取高学历的成本低于高学历带来的收入的增加,那么人们会去争取高学历。

取得高学历的人让企业明白,其为获取高学历而付出的努力成本低;而未取得高学历的人也让企业明白,其为取得高学历而付出的努力成本高。这样一来,也就消除了企业与个人之间的信息不对称性。人力资本理论和信号理论是可以并存的。对此,经济学中存在相关的实证分析。

对于以往研究中所探讨的“日本是否是学历社会”“学历社会的利与弊”等问题,本章不准备进行直接的验证,而是打算略微改变研究视角,重点探讨人们对自己所接受的教育效果的意识,以及其认为学历和教育有用的理由。本章拟通过此类分析,尝试探究教育对于个人的意义。

第2节 以往研究综述

关于学历和教育效果的以往研究有很多,在此我们综述其中几个具有代表性的研究。

小池·渡边(1979)曾否认日本是学历社会。其理由如下:第一,不同学历的人之间的工资差距与其他国家相比非常小;第二,没有证据表明名牌大学毕业生在大企业的就职中具有明显的优势;第三,在年轻人中,旧帝大毕业生中"课长"职位的占比下降,在晋升中,东大毕业生也未必具有特别的优势。对此,有人批判地说,以东大为首的旧帝大的毕业生大多进入了政界、学界、司法界等领域,如果将这些毕业生的情况都纳入考虑范围的话,那么上述结论有必要打一些折扣。

樋口(1994)将被解释变量设定为上市公司或政府机关部长以上的人数的占比,将解释变量设定为毕业大学的入学考试难易度,并对此进行了回归分析。其结果显示,入学考试难度高的大学,部长以上的人数占比较高。

另外,大桥(1995)通过对上市公司的董事进行问卷调查,得出以下结论:第一,名牌大学毕业生与其他大学的毕业生相比,与其说具有更多的专业知识,不如说他们在政府部门或其他公司拥有更广泛的人脉,并且在先天的智力能力等方面更出众;第二,他们会更容易被分配到可以掌控公司全局的职位上;第三,在高层职位上,若名牌大学出身的人较多,他们则会以各种形式支持自己母校的学弟学妹们,使其在职场晋升中更加有利。

橘木(1997)使用与大桥(1995)相同的数据进行分析,却得出了相反的结论,即非名牌大学出身的人中也有相当比例的人晋升为了高管。其根据是,在上市公司就职的人中原本就是名牌大学毕业生居多,而只有高中学历的高管人数虽少,但也存在。与橘木(1997)相比,大桥(1995)的分析有一个显著的特点,即其明确地指出了名牌大学毕业生更有优势的理由。

此外,在探讨教育效果的以往研究中,很多研究者使用了计算教育投资收益率这一方法。由于使用此方法的研究有很多,我们无法全部评述,这里仅列举几个具有代表性的例子。

岩村(1996)测算了各大学、各学院的收益率,发现了3个事实:第一,社会科学学科比理工学科的收益率更高;第二,威望(体现在入学难度和传统方面)越高的大学,收益率越高;第三,理工学科的收益率比社会科学学科的收益率的方差小。

岛(1999a)指出,在选择职业的时候,预期的事前收益率和根据实际获得的工资计算出的事后收益率是不同的,其对两者分别进行了估算。结果如下:第一,事前收益率与事后收益率的差距不大,作为考大学、选专业时的经济效果的期望值,事前收益率在某种程度上是合理的;第二,大企业(特别是金融业、服务业)的事后收益率高于事前收益率,而中小企业(特别是制造业)的事后收益率低于事前收益率。

八代·伊藤(2003)计算了医学学科的收益率。从结果来看,2000年整个医学学科的平均教育投资收益率为6.1%。其中,执业医生的平均投资收益率为9.4%,而开业医生的平均投资收益率为13.6%—21.8%。这充分显示了医学学科的收益率之高。

本田(2003)论述了学历对于职业的意义。实证分析的结果表明,日本与其他国家相比,存在着贬低教育"职业意义"的倾向。

综上所述,关于教育效果的以往研究大多把重点放在了通过测量教育投资的收益率来客观地估算教育效果上。与上述以往研究不同,本章想验证的是:对于自己所接受的教育,本人是如何看待其效果的;根据个人属性、学历、职业种类、入职途径等的不同,人们在对自己所接受的教育效果的意识上是否存在差异。

第3节　"教育有用"意识与学历、职业种类、小学阶段对数学的好感度之间的关系

让我们先从学历的角度来分析一下"什么样的人认为自己所接受的教育有用"吧。在此,我们设定了以下问题:"你认为自己在最终毕业学校所接受的教育对现在的工作有用吗?"

图7-1显示了"教育有用"意识与所学专业之间的关系。

纵轴是回答教育"1.非常有用"和"2.还算有用"的人所占的比例。随着学历的上升,回答"自己在最后毕业学校所接受的教育对现在的工作有用"的人也越多。即使是在通常被认为"无用"的文科类专业中,也有近5成的人认为教育对工作有用。不过,文科类专业的人和大专、中专毕业的人相比,认为教育对工作有用的人所占比例较小。还有,文科类专业研究生毕业的人中,有7成以上认为教育对工作有用。理工类专业与文科类专业相比,不论是大学生还是研究生,认为教育对工作有用的人所占比例都较大。另外,可以明显看出,医·齿·药学专业对教育效果给予了高度的评价。

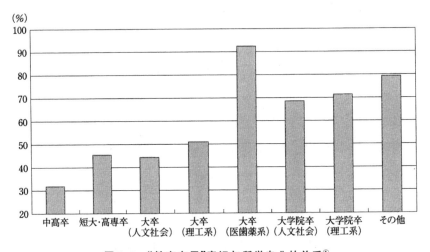

图7-1 "教育有用"意识与所学专业的关系①

图7-2显示了"教育有用"意识与毕业院校之间的关系。

这里,我们把名牌大学设定为7所旧帝大,以及一桥大学、神户大学、东京工业大学、早稻田大学、庆应义塾大学。从图7-2中可以看出,毕业于名牌大学的人更多地认为教育对工作有用。不过,考虑到职业种类等的影响,在后面的分析中我们将控制职业种类这一变量。

① 图7-1中的日语「中高卒」「短大·高専卒」「大卒(人文社会)」「大卒(理工系)」「大卒(医歯薬系)」「大学院卒(人文社会)」「大学院卒(理工系)」「その他」的中译文分别为"初高中毕业""大专·中专毕业""大学毕业(文科)""大学毕业(理工科)""大学毕业(医·齿·药学专业)""研究生毕业(文科)""研究生毕业(理工科)""其他"。

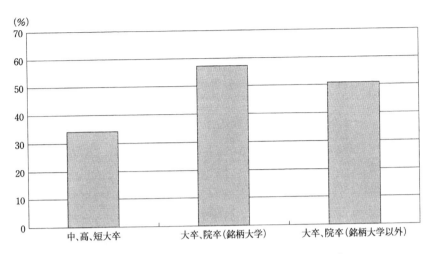

图7-2　"教育有用"意识与毕业院校之间的关系①

　　图 7-3 显示了"教育有用"意识与小学阶段对数学的好感度之间的关系。关于小学阶段对数学的好感度,我们设定问题为"你小时候(小学五六年级的时候)喜欢数学吗",设定选项为"1.非常喜欢;2.还算喜欢;3.不好说;4.不太喜欢;5.讨厌"。结果发现,回答"1.不太喜欢"的认为教育有用的人所占比例最小。除此之外,随着对数学的好感度的提高,更多的人认为教育对工作有用。当然,小学阶段对数学的好感度与学历有直接的关系,因此需要考虑两者之间的相互影响。

　　图 7-4 显示了"教育有用"意识与职业种类之间的关系。从事专业型职业(具有高度知识与技能的职业)的人与从事其他职业的人相比占比明显较大,有近 8 成的人认为教育对工作有用。除此之外,从事技术型职业、管理型职业、艺术型职业的人占比较高,他们中大约有一半人认为教育对工作有用。反之,认为教育对工作有用的占比较小的是从事农林渔业的人,只有 2 成左右。

　　由图 7-1 至图 7-4 可以看出,高学历、从事专业型职业、小学阶段对数学好感度高的人大多会认为自己所接受的教育对实际工作有用。但是,由于这些因素相互关联,因此我们并不知道究竟是什么因素真正影响了"教育有用"意识。

---

① 图7-2中的日语「中、高、短大卒」「大卒、院卒(銘柄大学)」「大卒、院卒(銘柄大学以外)」的中译文分别为"初中、高中、大专毕业""大学毕业、研究生毕业(名牌大学)""大学毕业、研究生毕业(非名牌大学)"。

因此,今后我们将在控制这些变量的前提下,系统考察那些会对"教育有用"意识产生影响的因素和属性。

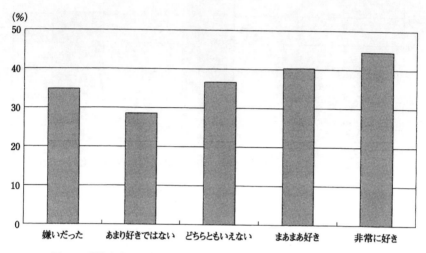

图7-3 "教育有用"意识与小学阶段对数学的好感度之间的关系①

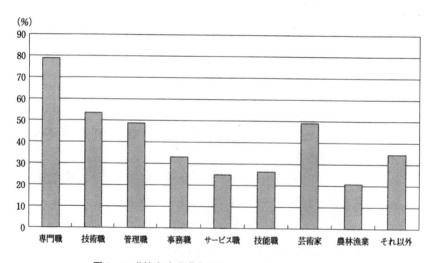

图7-4 "教育有用"意识与职业种类之间的关系②

---

① 图7-3中的日语关键词的中译文同图1-2。
② 图7-4中的日语「専門職」「技術職」「管理職」「事務職」「サービス職」「技能職」「芸術家」「農林漁業」「それ以外」的中译文分别为"专业型职业""技术型职业""管理型职业""事务型职业""服务型职业""技能型职业""艺术型职业""农林渔业""其他"。

第4节　关于模型和变量的说明

接下来,我们将对估算模型进行说明。本章主要想验证2个问题。

第1个问题是:什么样的人会感觉自己在最终毕业学校所接受的教育对自己有用? 在此,作为被解释变量,我们同样使用了"你认为自己在最终毕业学校所接受的教育对现在的工作有用吗?"这一问题。因此,本章使用的样本仅限于有工作的人。我们将选项设定为从"1.非常有用"到"5.几乎没用"的5个递减选项,并将数值从"5.非常有用"到"1.几乎没用"逆向排列,数值越高,就意味着认为自己在最终毕业学校所接受的教育有用的意识越强。关于估算方法,这里使用有序probit模型。

有序probit模型可用于存在3个以上的选项,且选项间存在先后顺序的情况。在第6章中,我们使用了probit模型,有2个选项:一个是去私立、国立学校,另一个是去公立学校。在第5章中,虽然有3个选项,但是人文社会学科、理工学科、医学科这3个选项之间不存在先后顺序。

在本章中,我们需要考察的是"教育有用"意识的强弱。数值越高,表示意识越强,所以选项是有先后顺序的。另外,在这种情况下,也可以考虑使用最小二乘法。最小二乘法是基于两者之间差是相同的这一假定来进行分析的。但是,这里若认为"非常有用"与"还算有用"之间的差,以及"不太有用"与"几乎没用"之间的差是相同的,则未免有些牵强。因此,当选项多于3个,且存在先后顺序时,使用有序probit模型是合理的。有序probit的概率模型可以表示如下:

$$y^* = x\beta + e$$
$$y = 0 \ if \ y^* \leqslant \gamma_1$$
$$y = 1 \ if \ \gamma_1 < y^* \leqslant \gamma_2$$
$$\vdots$$
$$y = 4 \ if \ \gamma_4 < y^*$$

y^*是潜在变量,y_i是可观察值,例如:$y_i = 4$是回答"非常有用"的情况。x是解释变量向量。因此,概率公式如下:

$$P(y = 0|x) = P(y^* \leq \gamma_1|x) = P(x\beta + e \leq \gamma_1|x) = \Phi(\gamma_1 - x\beta)$$
$$P(y = 1|x) = P(\gamma_1 \leq y^* \leq \gamma_2|x) = \Phi(\gamma_2 - x\beta) - \Phi(\gamma_1 - x\beta)$$
$$\vdots$$
$$P(y = 4|x) = P(y^* > \gamma_4|x) = 1 - \Phi(\gamma_4 - x\beta)$$

我们使用以上公式,设定如下对数似然函数,来求似然的最大化参数 β 和 γ。

$$Lnf_i(\gamma, \beta) = 1[y_i = 0]\ln[\Phi(\gamma_1 - x\beta)] + \cdots + 1[y_i = 4]\ln[1 - \Phi(\gamma_4 - x\beta)]$$

$1[\cdot]$ 是只要满足括号内的条件就设为 1 的 indicator 函数。

我们将性别、年龄、年收入等个人属性,以及学历、初次入职的途径(第 1 份工作的入职途径)等作为解释变量。通过这些数据,我们可以验证学历、求职途径等因素对认为自己在最终毕业学校所接受的教育有用的意识产生的影响。

第 2 个问题是:回答"1. 非常有用"和"2. 还算有用"的人认为自己所接受的教育对工作有用的理由是什么?

在本章使用的调查问卷中,关于认为自己在最终毕业学校所接受的教育有用的理由,设有以下 5 个选项,分别为"1. 掌握了工作所需的知识和技术;2. 有利于找工作;3. 建立了工作上的重要人际关系;4. 掌握了社会礼仪;5. 其他"。如果将这些作为被解释变量进行多项 Logit 分析,就能验证上述意识是否会因个人属性、学历、初次入职时的求职途径的不同而存在差异。例如,一般认为文科生接受的教育对工作无用,但这里我们想尝试分析"人文社会学科出身的人真的觉得教育无用吗?"这一问题。另外,近年来,受文部科学省的研究生重点培养政策的影响,攻读硕士、博士研究生的人数在逐年增加,那么这些人是否认为研究生教育对工作有用呢? 我们也将对此进行验证。

接下来,我们来说明一下解释变量。我们拟使用年龄、性别、年收入等变量来说明个人属性。关于学历,我们以初高中毕业为基准,将技校、中专、大专毕业的学生统称为大专毕业。另外,我们将人文学科和社会学科合称为人文社会学科,将硕士和博士合称为研究生。

关于职业种类,问卷中设有"工作的种类大致符合以下哪一种"这一问题,以及以下 10 个选项:"1. 专业型职业(医师、律师、教师等);2. 技术型职业(工程师、护士);3. 管理型职业(科长以上职务);4. 事务型、营销型职业(一般事务);5. 销售型职业(店主、店员、外务员);6. 服务型职业(美容美发师、服务员);7. 技能型、劳务型、操作型职业（工人、警察）；8.艺术型职业（作家、音乐家、设计师等）；9.农林渔业；10.其他。"

关于初次入职的途径，问卷中设有"请回答您从学校毕业后，初次就职的工作单位。您是通过什么途径进入该工作单位的？"这一问题，以及以下11个选项："1.看到招聘信息后直接应聘；2.老师等的介绍；3.熟人的介绍；4.家人的介绍；5.hello-work 国家职业介绍所的介绍；6.民间职业介绍所的介绍；7.专业资格考试合格；8.继承家业；9.自主创业；10.工作单位的邀请；11.其他。"

正如前文所指出的，关于信号理论和人力资本理论中哪一种理论更合理的问题，目前已有一些实证分析研究。例如，Wolpin（1977）通过分析雇主和雇员之间不存在信息不对称的个体经营者在学历选择方面的做法，验证了2个理论假说的说服力。得出的结论是，由于个体经营者普遍学历较低，所以信号理论的说服力较低。

在本章使用的问卷中，关于初次入职的途径，有一个选项是"9.自主创业"。我们可以通过考察自主创业的人认为自己最终毕业学校的教育是否有用，来验证信号理论的合理性。也就是说，默认自主创业的人不存在信息不对称性，如果他们认为自己在最终毕业学校所接受的教育对自己有用，我们就可以认为教育具有信号以外的意义。当然，正如荒井（2002）所指出的，对于个体经营者来说，教育也具有信号意义，那就是可以从客户那里取得信任。因此，我们有必要分析人们认为自己在最终毕业学校所接受的教育对自己有用的理由。

第5节　什么样的人认为自己的学历对工作有用：推断结果1

首先，我们拟对所有样本进行分析。推断结果如表7-1所示。

表7-1 推断结果1

	全体サンプル		大卒、大学院卒		中学、高校、短大卒	
	係数	標準誤差	係数	標準誤差	係数	標準誤差
女性ダミー	0.049	0.046	0.129	0.089	0.018	0.054
年齢	0.003	0.002	0.003	0.004	0.003	0.002
収入	0.032	0.008**	0.037	0.012**	0.027	0.010**
学歴						
短大	0.234	0.063**			0.252	0.064**
大卒（人文社会系）	0.121	0.057*				
大卒（理工系）	0.179	0.075**	0.119	0.087		
大卒（医歯薬系）	1.540	0.284**	1.338	0.283**		
院卒（人文社会系）	0.845	0.231**	0.694	0.233**		
院卒（理工系）	0.648	0.130**	0.582	0.138**		
大卒（その他）	1.014	0.245**	0.810	0.249**		
銘柄大学ダミー	-0.180	0.096+	-0.201	0.101*		
初職への入職経路						
（先生等の紹介）	0.066	0.046	-0.041	0.105	0.076	0.053
（知人の紹介）	-0.141	0.084+	-0.082	0.183	-0.167	0.095+
（家族の紹介）	-0.112	0.073	0.185	0.170	-0.179	0.080*
（ハローワーク）	-0.152	0.115	-0.054	0.275	-0.177	0.127
（民間の紹介所）	0.020	0.254	0.071	0.592	-0.006	0.277
（専門試験合格）	-0.104	0.154	-0.259	0.263	-0.034	0.185
（家業継承）	-0.066	0.194	1.196	0.361*	-0.161	0.202
（起業）	0.176	0.193	0.055	0.357	0.231	0.228
（従業先の誘い）	-0.065	0.105	0.155	0.203	-0.155	0.124
（その他）	-0.027	0.120	0.042	0.290	-0.050	0.133
現在の職種						
専門職	0.971	0.109**	1.121	0.133**	0.643	0.196**
技術職	0.343	0.055**	0.282	0.098**	0.366	0.067**
管理職	0.163	0.079*	0.188	0.117	0.140	0.107
サービス職	-0.195	0.075**	-0.215	0.175	-0.195	0.084*
技能職	-0.174	0.060**	-0.661	0.228**	-0.151	0.064*
芸術	0.381	0.172*	0.465	0.284	0.306	0.217
農林漁業	-0.405	0.206*	-0.570	0.505	-0.341	0.225
職種その他	-0.013	0.096	0.241	0.205	-0.102	0.107
小学生のときの算数好感度	0.047	0.019*	0.087	0.038*	0.037	0.022+
疑似対数尤度	-5040.30		-1350.21		-1656.32	
サンプルサイズ	3402		956		2446	

注：①表中符号表示显著性标准。"*"为1%；"**"为5%；"+"为10%。后同。
②关于学历，这里以初高中毕业为基准。大学生、研究生以大学毕业（人文社会学科）为基准。初次入职的途径以看到招聘信息后直接应聘为基准。现在的职业种类以事务型为基准。后同。

由表7-1①可知,收入呈正显著性,所以收入高的人多认为自己在最终毕业学校所接受的教育对自己有用。这与人们的直观感觉是一致的。

关于学历,与初高中毕业的人相比,大专毕业生、人文社会学科本科毕业生、理工学科本科毕业生、医·齿·药学专业毕业生,以及任何学科硕士以上学历的毕业生大多认为教育对自己有用。

相反,名牌大学(虚拟变量)呈负显著性。也就是说,名牌大学毕业生感觉自己在最终毕业学校所接受的教育对现在的工作无用。关于各大学的差异是否会影响"教育有用"意识这一问题,表7-1显示的是,名牌大学毕业生认为教育对工作有用,然而,实证分析给出了相反的结果。也就是说,各大学之间的差异只是一种表面上的关系,如果控制职业种类、个人属性等变量的话,得到的结果就会是名牌大学毕业生认为自己在最终毕业学校所接受的教育对工作无用。但是,仅凭以上分析我们尚无法弄清名牌大学毕业生会有如此感觉的原因。因此,我们将在下一节关注学历是如何发挥作用的这一问题。

我们设定现在的职业种类以事务、营销型为基准。那么,与从事事务、营销型职业的人相比,从事专业型、技术型、管理型、艺术型职业的人大多认为学历有用;相反,从事服务型、技能型等种类职业的人,则大多认为学历无用。

另外,小学阶段对数学的好感度呈正显著性。即使控制了学历这一变量,小学阶段对数学好感度高的人也会认为学历是有用的。

此外,我们将样本分为大学毕业、研究生毕业和其他毕业,并分别进行了估算。我们先来关注一下大学毕业和研究生毕业的样本,具体如表7-1所示。关

---

① 表7-1中的日语「全体サンプル」「大卒、大学院卒」「中学、高校、短大卒」「係数」「標準誤差」「女性ダミー」「年齢」「収入」「学歴」「短大」「大卒」「人文社会系」「理工系」「医歯薬系」「院卒」「その他」「銘柄大学ダミー」「初職への入職経路」「先生等の紹介」「知人の紹介」「家族の紹介」「ハローワーク」「民間の紹介所」「専門試験合格」「家業継承」「起業」「従業先の誘い」「現在の職種」「職種その他」「小学生のときの算数好感度」「疑似対数尤度」「サンプルサイズ」的中译文分别为"整体样本""大学、研究生毕业""初中、高中、大专毕业""系数""标准偏差""女性(虚拟变量)""年龄""收入""学历""大专""大学毕业""人文社会学科""理工科""医·齿·药学专业""研究生毕业""其他""名牌大学(虚拟变量)""初次入职的途径""老师等的介绍""熟人的介绍""家人的介绍""hello-work国家职业介绍所的介绍""民间职业介绍所的介绍""专业资格考试合格""继承家业""自主创业""工作单位的邀请""现在的职业种类""其他职业种类""小学阶段对数学的好感度""伪对数似然""样本容量"。其余日语关键词的中译文同图7-4。

于学历,这里设定以大学毕业(人文社会学科)为基准。这时,人文社会学科的硕士以上毕业呈正显著性。一直以来,人们一般认为人文社会学科研究生的专业知识对工作无用。但是,分析结果显示,人文社会学科中,与大学毕业生相比,研究生毕业的人大多认为教育是有用的。只是我们还不了解,对于人文社会学科研究生来说,到底是什么原因使他们认为学历有用。在下一节中,我们将详细分析这个原因。

另外,即使把样本限定为大学毕业和研究生毕业,名牌大学(虚拟变量)也呈负显著性。也就是说,名牌大学毕业生不认为自己在最终毕业学校所接受的教育对工作有用。

还有,在初次入职的途径和"教育有用"意识方面,初次入职的途径是"继承家业"的人认为学历是有用的。正如前面所说的,对个体经营者来说,雇主和雇员是同一个人,不存在信息不对称性。因此,如果学历对个体经营者来说也有用的话,学历就不只是信号,实际上其对人力资本的形成也是有益的。由此可见,对于"初次入职的途径"回答"继承家业"的人中,也有很多人认为教育有用。因此,就在日本而言,人力资本理论是有说服力的。

但是,因为大学或研究生毕业后继承家业的人很少,再加上同样是信息不对称性较弱的"自主创业"的人,有关其的分析结果并不呈显著性,所以我们只能对这一结论进行有限的解释。Tachibanaki(1996)分析了企业内科长、部长等职位的晋升情况,主张信号理论比人力资本理论更具有说服力。需要引起注意的是,这些理论在解释工资的差距和晋升的差距时,各自的意义原本就是不同的。因此,关于到底哪一种理论更占上风,我们要避免轻率去做判断。

接下来,我们将考察大学本科学历以下的样本。与初高中毕业的人相比,大专、中专毕业的人大多认为学历对自己有用。在对"初次入职的途径"的回答中,"家人的介绍"和"hello-work国家职业介绍所的介绍"都呈负显著性。因此,这些人大多倾向于认为教育无用。当存在信息不对称性时,人们大多倾向于认为教育无用。

我们可将以上结论概括如下:高学历的人大多倾向于认为自己在最终毕业学校所接受的教育是有用的。虽然有很多人表示大学教育对工作无用,但至少在自我评价中,高学历的人会认为自己在最终毕业学校所接受的教育是有用的。但是,名牌大学毕业生对自己在最终毕业学校所接受的教育的效果持否定态度。关于初次入职的途径,虽然在整体样本中没有呈现出显著性,但若将样本限定为大学毕业,则可以看出回答"继承家业"的人大多倾向于认为教育对自己有用。由于回答者样本数量较少,我们还是要慎重看待此结论。

第6节 "学历有用"意识的形成原因 与社会经济变量的关系:推断结果2

在第5节中,我们对学历是否有用进行了考察。本节将考察在何种意义上认为学历有用这一问题,以及"学历有用"意识与个人属性之间的关系。在进行问卷调查时,我们还向回答"1.非常有用"和"2.还算有用"的人询问了理由。

关于上述问题,问卷中设定的选项有"1.掌握了工作所需的知识和技术;2.有利于找工作;3.建立了工作上的重要人际关系;4.掌握了社会礼仪;5.其他"。关于"5.其他",回答者中近一半人表示"掌握了思考问题的方法",也有很多人回答说"取得了资格证书""获得了自我成长"。

在此,我们将这些作为被解释变量进行多项Logit分析。如前所述,被解释变量为离散变量,当存在3个以上选项,且这些选项不存在先后顺序时,可以使用多项Logit分析。在本章的分析中,被说明变量为"1.掌握了工作所需的知识和技术;2.有利于找工作;3.建立了工作上的重要人际关系;4.掌握了社会礼仪;5.其他"这5个选项。考虑到这些选项之间不存在先后顺序,因此这里我们使用多项Logit分析。

这里设定以"1.掌握了工作所需的知识和技术"为基准,考察回答者选择各选项的理由。推断结果如表7-2所示。

首先,让我们把焦点放在回答"有利于找工作"的人身上。就个人的基本属性而言,女性、年轻人、高收入人群大多认为最终学历阶段的教育对求职是有用的。在入职阶段,认为教育使自己受益的观点,与信号理论告诉我们的"受教育水平高这一信号在求职中发挥了有利的作用"这一观点是相通的。尤其是对女性和年轻人来说,学历发挥了积极的作用。因此,他们的情况是符合信号理论的。

表7-2　推断结果2[①]

	2		3		4		5	
	限界効果	標準誤差	限界効果	標準誤差	限界効果	標準誤差	限界効果	標準誤差
女性ダミー	0.083	0.211**	-0.035	0.257	0.046	0.180**	-0.002	0.320
年齢	-0.002	0.010*	-0.001	0.011	0.000	0.008	0.000	0.016
所得	0.006	0.029+	0.001	0.031	-0.003	0.029	0.000	0.057
学歴								
短大卒	0.026	0.243	-0.022	0.360	-0.021	0.214	0.000	0.524
大卒（人文社会系）	-0.031	0.276	0.036	0.282	-0.013	0.227	0.061	0.394**
大卒（理工系）	-0.016	0.321	0.006	0.376	-0.055	0.299+	0.036	0.541+
大卒（医歯薬系）	0.069	0.592	0.070	0.730	-0.111	1.085	0.097	0.880*
院卒（人文社会系）	0.021	0.751+	0.510	0.668**	-0.245	0.634**	0.074	1.064*
院卒（理工系）	0.018	0.408	0.042	0.518	-0.040	0.430	0.040	0.653+
大卒（その他）	0.067	0.587	0.014	0.842	-0.095	0.814	0.031	1.098
銘柄大学ダミー	0.071	0.348+	0.024	0.403	0.005	0.399	-0.004	0.552
初職への入職経路								
（先生等の紹介）	-0.004	0.210	-0.006	0.269	-0.010	0.181	-0.010	0.423
（知人の紹介）	-0.052	0.466	-0.040	0.600	-0.052	0.397	0.020	0.583
（家族の紹介）	-0.063	0.516	0.003	0.454	0.055	0.305	0.038	0.496*
（ハローワーク）	0.048	0.540	-0.034	0.987	0.044	0.493	-0.008	1.130
（民間の紹介所）	0.020	1.255	0.238	1.466	0.034	1.269	-0.027	1.313**
（専門試験合格）	0.047	0.622	-0.039	0.959	0.050	0.535	0.026	0.906
（家業継承）	-0.156	0.468**	-0.018	1.196	-0.055	0.724	-0.032	0.695**
（起業）	-0.073	1.067	0.122	0.623	-0.042	0.675	0.001	0.943
（従業先の誘い）	-0.047	0.619	0.101	0.518	-0.045	0.479	0.000	0.826
（その他）	-0.069	0.730	-0.055	1.049	-0.037	0.498	0.074	0.579*
現在の職種								
専門職	-0.030	0.323+	-0.036	0.412+	-0.096	0.378**	-0.018	0.564*
技術職	0.039	0.230	-0.064	0.332**	-0.059	0.206**	-0.010	0.425
管理職	0.037	0.340	-0.006	0.371	-0.008	0.300	-0.009	0.589
サービス職	-0.064	0.58	0.010	0.495	-0.001	0.325	0.017	0.531
技能職	0.047	0.308	-0.010	0.371	-0.078	0.299**	-0.023	1.001+
芸術	0.021	0.577	0.053	0.557	-0.013	0.477	0.004	0.879
農林漁業	-0.132	0.689**	-0.106	0.668**	0.106	0.894	-0.027	0.924**
職種その他	-0.026	0.520	-0.039	0.628	-0.025	0.352	0.024	0.531
小学生のときの算数好感度	0.002	0.087	0.007	0.101	0.007	0.070	-0.002	0.163
擬似対数尤度	-1656.32							
サンプルサイズ	1331							

关于学历，我们还可以观察到以下倾向。我们设定学历以初高中毕业为基准。人文社会学科研究生的回答是："研究生阶段的学习不是为了学习专业知识，而是因为它对求职有帮助。"此外，名牌大学（虚拟变量）的显著性水平为10%，呈正显著性。由此可以看出，对名牌大学毕业生来说，最终学历阶段的教育效果并不体现在掌握了工作所需的知识和技术这一点上，而体现在有利于求

---

① 表7-2中的日语「限界効果」「所得」的中译文分别为"边际效应""收入"。其余日语关键词的中译文同表7-1。

职上。这种情况也是符合信号理论的。至于初次入职的途径,我们设定以"1.老师等的介绍"为基准。回答"3.家人的介绍"和"8.继承家业"的人大多不认为教育对求职有用。

接下来考察一下选项"3.建立了工作上的重要人际关系"的情况。关于更重视专业知识和人际关系中的哪一种教育效果,从个人属性上来看没有显著差别。另外,人文社会学科研究生样本的系数呈正显著性,这说明人文社会学科研究生与其他学历毕业生相比,其重视的不是专业知识,而是人际关系。至于初次入职的途径,人文社会学科研究生与其他学历毕业生之间没有区别。从职业种类来看,从事专业型、技术型等种类职业的人,相较于人际关系,更重视专业知识。

关于选项"4.掌握了社会礼仪"的详情如下:在个人属性方面,女性和城市居住(虚拟变量)呈正显著性,即女性和城市居住者大多认为最终学历阶段的教育效果是"掌握了社会礼仪",而不是其他。关于学历,理工科大学毕业生和人文社会学科研究生毕业的人则并不认为"掌握了社会礼仪"是最终学历阶段的教育效果。至于初次入职的途径,则没有显著的关系。关于职业种类,从事专业型、技术型、技能型职业的人,认为"掌握了工作所需的知识和技能"才是最终学历阶段的教育效果,而不是"掌握了社会礼仪"。

最后,我们来考察一下选项"5.其他"的情况。在个人属性方面,没有显著差异。关于学历,人文社会学科本科毕业生、理工学科本科毕业生、医·齿·药学专业本科毕业生,以及人文社会学科研究生毕业的人都呈正显著性。因此,这些学历层次的人都选择了"5.其他"这一选项。至于初次入职的途径,"4.hello-work国家职业介绍所的介绍"呈正显著性,"6.直接应聘"和"8.继承家业"呈负显著性。关于职业种类,专业型职业呈负显著性。

第7节　本章的启示与今后的课题

本章聚焦于人们对自己所接受的教育的效果的评价情况,发现了2个有趣的事实。

一个是,学历越高的人,对自己所接受的教育的效果评价越高(认为有用)。

但是,名牌大学毕业生对自己在最终毕业学校所接受的教育的效果持否定态度。

另一个是,相较于"掌握了工作所需的知识和技术",名牌大学毕业生回答"有利于找工作"的概率更大。

"日本是不是学历社会"已是一个争论已久的问题。但是,目前鲜有人研究"人们是如何评价自己所接受的教育效果的"这一问题。因此,本章对此进行了具体的考察分析。

最后,我们想提出几个有待研究的问题:第一,本章是以接受教育的人们的主观意识为分析对象的。虽然这是一个与以往不同的新的切入点,但仅分析人们在某一时刻的主观想法是有局限性的。因此,今后有必要扩大研究范围,利用面板数据考察人们对教育效果意识的推移变化,进行更详细的研究。第二,"人们对自己所接受的教育的评价会对孩子的教育产生怎样的影响"这一课题还有待研究。第三,第6章的结论显示,即使控制了其他变量,名牌大学毕业生与其他毕业生相比也是收入较高的。但是,本章的研究结果显示,他们对自己在最终毕业学校所接受的教育的效果持否定态度。从年薪的角度来看,名牌大学毕业生尽管收入较高,但其在主观意识中仍对自己所接受的教育的效果持否定态度。能够想到的理由是,他们在与同是名牌大学出身的人比较后,发现自己的收入还不够高,从而影响了其对自己所接受的教育的效果的主观评价。

笔者将把以上问题作为自己今后的研究课题。

第8章　教育是为了什么

第1节 哲学家、经济学家和社会学家的教育思想

我们并不是教育学家，在此讨论"教育是为了什么"这样的重大课题，有点妄自尊大了。教育问题又是历史上伟大的哲学家、思想家讨论至今的问题，所以更是如此。姑且不谈教育思想层面的问题，我们一直关心的是人们通过接受教育会度过怎样的人生，也就是教育效果的问题。因此，我们拟从这个视角出发，来论述一下教育效果与教育思想之间的关系。

教育学家和哲学家们经常从这样的视角来论述教育：教育是为了培养更出色的人，或者教育是为了建设更美好的社会，告诉人们生存的意义。因此，教育学和哲学领域一直强调，社会应该建立一种以育人为目的的教育制度。

例如，古希腊著名的哲学家亚里士多德在《政治学》中主张，教育应由政府公共部门向社会提供。因为教育的目的只有2个：一是学习劳动技术；二是培养人的品德。所以，国家作为唯一的公共部门，应向社会提供教育服务。如果将这个主张用现代的方式稍微夸张地解释的话，我们很容易会联想到现代的公立学校优先论。但是在私立学校林立的今天，有必要重新审视亚里士多德的思想。再者，在讨论教育效果时，"公立学校和私立学校孰优孰劣"是一个重要的问题点，因此我们也可以从这一点出发来探讨教育。

另外，社会学家和经济学家对"人们接受教育后能从事什么样的职业，又能获取多少收入等教育成果或效果"等问题给予了极大的关注。一般来说，我们都知道受过高等教育的人能找到更好的工作，也能获得更高的收入，因此"什么样的人会接受高等教育"这一问题自然备受社会学家和经济学家的关注。

本章旨在围绕教育的意义，论述社会学和经济学教育成果与本章开头所述的"教育是为培养更出色的人"这一传统教育哲学思想之间的联系。

第2节 教育的作用——人格形成

在现代，教育的目的可以总结为以下2点：第一，人们为了更有效地完成自

己赖以生存的工作,通过接受教育学习和掌握相关技能;第二,人们通过接受教育,学习立足于社会的正确生存方式,树立正确的价值观与道德准则。

关于教育的第一个目的,其通过授受以知识和学识为中心的教育内容来提高人的能力。因此,从劳动力的视角来看,社会也期待通过教育培养出高素质的人才。教育能在多大程度上达到这个目的? 人的素质又是通过什么样的过程得到提升的? 这些话题我们将在后面进行论述。在此,我们将重点论述第二个目的。让我们来看这样一个话题:教育能使人们在精神层面得到怎样的发展?

这一领域的思想可以追溯到卢梭的《爱弥儿》。这本书记述了孤儿爱弥儿在一名家庭教师的抚养下长大成人的过程。卢梭在书中系统阐述了自己的教育论,其认为在塑造健康的人格形象方面,书中的教育方式最为理想。可以说,该书中记述了从幼儿时期到成年时期人应该接受怎样的教育这一思想。

卢梭最关心的是儿童教育,他强调在对儿童实施智育和德育之前,首先要保证儿童的身体健康,其认为提高运动能力和感觉能力对儿童来说是最重要的。因为,当我们长大成人时,会遇到很多意料之外的事情,用现代语言来说,就是会遇到各种各样的风险。只有拥有强健的体魄和坚强的意志,才能很好地应对这些风险。

"消极教育"一词代表了卢梭的教育思想。这种思想强调在幼儿时期不应急于实施智育和德育,重要的是保持"孩子的天真本色",夸张一点来讲,甚至可以用"不要教育"一词来代替。这种"消极教育"可以让孩子通过体验各种各样的活动经历实现率性发展。他认为,这种感官的训练在孩子长大后接受智育和德育的学习阶段会起到关键作用。作为对卢梭主张的幼儿教育的重要性思想的延续,后来幼儿园运动的创始人福禄培尔(Froebel)出版了促进幼儿园诞生的著作《人的教育》,这也是人们耳熟能详的故事。

以"回归自然"著称的卢梭的教育思想,认为教育有3种,即"自然的教育""人的教育"和"事物的教育"。卢梭认为"自然的教育"对儿童来说最为重要。人在幼儿时期所体验的各种事物,会成为其少年时期和青年时期对各种事物进行理性判断的根基。需要强调一下,这些不是周围的人教给他们的,而是顺其自然的结果,即孩子通过经历各种各样的事情,自然而然地学会吸取经验和教训。

受《爱弥儿》的启发,德国哲学家康德(Kant)发展了自己的教育理论。研究

"理性哲学"的德国启蒙学派巨匠康德主张,在培养自律的人方面,教育将发挥重要的作用。不是在别人的指导下做出决定和行动,而是能够在自主思考的意志之下,做出决定并付诸行动,教育的任务就是塑造和培养这样的人。康德强调,教育应发挥的作用是让人们能够独立思考,并能发挥自己的能力,能成功做到这一点的话,就可以称之为启蒙现象了。

那么,教育乃至启蒙怎么做才能成功呢? 这并不是哲学家康德所思考的中心命题。康德虽然指出了教育的重要性,但没有指出实现良好教育的具体方法。康德认为自律性的人格,以及充满主体性和自发性的人格,并不是在周围人的强制下形成的,而始终是基于人们自由的思想形成的。但是,关于如何通过人们的自由思想来实现自律性,康德并没有进行详细的阐述。我们可以这样理解,在没有提示具体方法论的前提下,倡导人格形成中教育的意义是康德的教育理论的精髓所在。至于那些具体的方法论,就留给康德的后人去研究吧。

卢梭和康德的教育思想虽然略微有些抽象,但都让我们认识到了教育在人格形成中所起的重要作用。为了将其付诸实践,教育学家和社会学家[如裴斯泰洛齐(Pestalozzi)、杜尔凯姆(Durkheim)、杜威(Dewey)等]对教育理论进行了更为具体的论述。

裴斯泰洛齐并没有抽象地论述教育思想,其是根据自己对贫困农民和孤儿的教育实践所获得的经验来倡导教育的理想模式的。以《葛笃德如何教育她的子女》《隐士的黄昏》《天鹅之歌》等著作而闻名的教育学家裴斯泰洛齐通过实践教育告诉人们,如何才能给那些因饱受生活之苦而丧失希望的孩子带来希望。

《葛笃德如何教育她的子女》重视母亲在幼儿早期教育中发挥的作用,这本书向我们展示了在家庭中进行良好教育的指导方法。卢梭的《爱弥儿》中虽然没有提到母亲,但实际上卢梭也指出了母亲在幼儿教育中所起的作用。可想而知,在18世纪的欧美国家,母亲在教育中就占有重要的地位。

母亲在教育(育儿)中扮演着重要角色的观点,直到现代仍受到一部分女权主义者的批判。他们对于把教育强加给母亲的这一做法的批判,正是教育理论随着时代而变化的一个证据。另外,关于母亲对孩子的教育有多大贡献,以及这是不是好事,橘木・木村(2008)介绍了日美双方的经验,这也值得我们参考。

裴斯泰洛齐在《天鹅之歌》中指出,人性中有3种最根本的力量:精神力(也可以说是知性)、心情力(也可以说是感情、意志、道德)、技术力(也可以说是使工作和劳动成为可能的力量）。教育的意义就在于发展以上3种力量。裴斯泰洛齐对于教育的理解颇有深意，正如其名言"陶冶生活"所指出的，教育应该在人的具体生活中得以呈现。他认为，没有必要把理想定得太高，人在体验现实生活的过程中会自我成长和自我启发。因此，我们可以把裴斯泰洛齐的教育思想理解为起源于卢梭的自然主义。

以往的教育观是通过教育来塑造人，重视的是对个人的培养，而杜尔凯姆则认为教育是在社会生活中个人与个人的关系中产生的，教育是为了塑造社会所需的人。杜尔凯姆在社会学的多个领域都留下了伟大的功绩。关于教育，他在《教育与社会学》一书中提出了自己的主张。

杜尔凯姆主张教育的作用在于培养特定的时代所需要的人才。其因摒弃了过去那种教育为个人而存在的抽象的、概念性的教育理论而闻名。具体来说，他认为教育的目的是向孩子和年轻人传授适应社会生活所必需的价值、道德、规范、行为方式、知识等，教育是人们实现社会化的手段。他认为人们在实现社会化的过程中，以下2点很重要：第一，所有国民应具有共同的观念、道德等，这有利于社会的稳定；第二，发挥每个人的个性和资质，对整个社会的职业生活有所贡献。前者可以称为"同质性"，后者可以称为"多样性"。将两者巧妙地结合起来，就是教育的目的所在。

通常这些教育都是在学校里进行的，所以杜尔凯姆认为实现"同质性"的通识教育和实现"多样性"的职业教育非常重要。并且，他还认识到了学校教育中课程体系和教师作用的重要性。优秀的教师对于良好的教育来说是不可或缺的。这种主张并没有什么错，只是感觉其过度强调了教育是由上至下的"给予"这一意识。值得强调的是，在杜尔凯姆之后的时代，有学者对此进行了批判，其认为学习者对于教育的参与程度也是非常重要的视点。这也成为从学习者出发对教育进行评价的契机。

杜威的《学校与社会》是这类批判性观点的代表。19世纪时，随着学校教育的普及，孩子开始在学校接受主要的教育。在那之前，孩子在家庭日常生活的衣食住行等体验中，从父母、亲戚、邻居那里知道了人类社会中的工作方法、礼仪规矩、勤劳与共生的重要性等。但是到了孩子进入学校学习的时代，孩子在学校主要学习读写、计算等知识。在教室里，教师使用教科书教授语文、数学、社会、理科等各种科目，这也成了学校教育的主要形态。

杜威批评说,一旦这成为教育的主要形态,孩子就会失去许多以前在家庭和社会中,从实际生活的体验中学到的东西。确实,在学校成为知识训练的场所后,孩子失去了从家庭和社会的经验和见闻中学到东西的机会,也很难体验到工作的重要性和劳动的意义等,杜威对此叹息不已。因此,杜威主张把家庭及社会生活中的工作、劳动等各类活动导入学校,并把让孩子在学校实际体验这类活动作为学校教育的一环。例如,让孩子们自己有计划地进行烹饪、实验等工作。这样一来,孩子就能理解工作的意义,也能通过自己的体验来摸索提高技术的方法。

杜威的教育思想是对以智育为中心的学校教育的批判,强调学生除了被动地跟随教师学习,还要进行自主学习。从这一点来看,对于杜尔凯姆的"学校的好坏、教师的好坏等决定教育的好坏"这一教育观而言,杜威的教育思想可以理解为其一个反证。

以上简要概括了哲学、教育学的巨匠们围绕教育对人格培养的作用、教育的主要责任者、教育方法等问题所提出的教育思想。这些巨匠主要讨论了教育在精神层面的人格形成中所起的作用,他们一致认为教育有助于培养人的能力。例如,较强的读写或计算能力是每个人生活所必备的,而通过教育可以进一步加强这些能力,从而进一步提高人们作为劳动者的价值。

哲学、教育学的巨匠们虽然都承认教育的作用,但都没有对此进行积极的论证。从哲学、教育学专家的角度来看,教育的作用在于向人们传达正确的生活方式和社会规则存在的意义等,使人们知道如何作为一个有道德责任意识和正义感的人生存于世。

第3节 教育的作用——提高劳动者的能力

通过接受教育,作为劳动者的人的能力就能得到提高。经济学、教育学专家聚焦于这一点展开了积极的探讨。本章关注的是,哲学、教育学巨匠们所主张的教育价值如何在现实社会中得以实践。在此,我们尝试从经济学和社会学的视角对教育进行评述。

在论述教育效果时,经济学的观点强调,培养以读写为主的基础学力,以及数学、工学、法学、管理学等专业能力,塑造领导力和协调性等人格,能提高个人的生产率,最终提高个人收入。说到底,这些都与个人的能力和生产率密切相关。事实上,教育不仅能提高个人的生产率,还能提高公司和组织整体的生产率。关于个人和组织通过教育提高生产率的方法,我们将在后文详细论述,在此仅简单梳理具有代表性的经济思想。

我们拟通过"经济学之父"亚当·斯密的《国富论》(1776)来阐述其对教育的理解。亚当·斯密的经济思想的核心是,他认为自由竞争的经济制度是最理想的制度,并且强调生产形式中分工的价值。若企业、劳动者等以市场为中心,不受任何外界束缚地进行自由的经济活动,则可以实现最高效的生产。亚当·斯密还主张,无论是企业还是劳动者,都应该参与分工。也就是说,分工的意义在于,企业专门制造并销售特定的产品,劳动者专门从事特定的工作或劳动。

亚当·斯密在坚持这种被称为古典派的经济思想的同时,又是如何看待教育的呢?令人意外的是,对于现代经济学中所阐明的教育能提高人的生产率这一事实,亚当·斯密并不认同。亚当·斯密认为教育并不能提高人的生产率,主要是因为他强调分工的价值。按照劳动者分工原理,我们可以将劳动者分为两大人群,即从事简单劳动的人群和从事高水平、复杂劳动的人群。前者所占比例远远大于后者,这也是当时的经济和社会的实态。如果按照这样的分工体制,从简单劳动的人群只需从事1项或2项简单的工作,那么对于这一人群的教育只需维持在最低限度就可以了。因为他们不从事高水平、复杂的劳动,不需要很高的知识水平与能力。也就是说,他们只要具备读写能力、计算能力等最低限度的学力,就足够了。

亚当·斯密为什么会做出这样的判断呢?我们可以从出版于18世纪的《国富论》中找到答案。为什么能这样说呢?

第一,当时正值英国产业革命的黎明时期,大多数劳动者从事的是简单劳动,这也是历史事实。简单劳动不需要那么高的教育水平,根据当时的情况来理解的话,这也是很自然的。

第二,亚当·斯密将分工看作一种理想的生产体制。这只是亚当·斯密基于其所认为的理想的生产体制而产生的一种经济思想,现实中很难让所有的产业、企业和劳动者都参与到这种分工体制中去。的确,如果理想的生产体制能够实现的话,那么亚当·斯密的教育思想也许是合理的。反之,就会出现其他教育思想。

　　第三,在亚当·斯密的时代,从事简单劳动的劳动者人数确实很多,但在现代,从事高水平、复杂劳动的劳动者人数急剧增加。为了有效地完成工作,大多数人必须接受高水平的教育。因此,教育的作用对于现代来说要远大于亚当·斯密所处的时代。

　　亚当·斯密虽然认为教育对直接提高劳动生产率的作用较小,但其并没有否定教育在人格形成方面的作用。亚当·斯密认为,要想在生产活动中提高生产率,劳动者必须是德才兼备的人,否则企业等组织就无法正常运转。即使是从事简单劳动的人,如果不重视礼仪、不遵守秩序,那么也无法融入组织并建立良好的人际关系,生产活动也就无法顺利进行。因此,亚当·斯密认为这方面的教育是很有必要的。这也是亚当·斯密在《道德情操论》中所主张的。

　　在当今社会,亚当·斯密的这种思想的重要性甚至比以前更加凸显了。考虑到人与人之间和睦相处的重要性,以及人类生活和社会制度的规则的日益高度化等,我们认为要想让每个人作为企业等组织的一员高效地工作,实施亚当·斯密所提倡的人格形成教育很有必要。

　　以上是对西方学者的教育思想的综述,接下来介绍福泽谕吉、新岛襄和森有礼等 3 名日本人的教育思想。前 2 者因创立了日本具有代表性的私立学校而为人们所熟知。福泽谕吉主张教育要为经济活动做贡献,而新岛襄主张教育不能只为经济做贡献。两者的教育观对比鲜明,十分耐人寻味。

　　福泽谕吉因作为《劝学篇》(1880)的作者而闻名,其强调“实学”的重要性。福泽谕吉所谓的“实学”,是指做学问需要基于科学的思考方法进行,其成果必须是有用的。这里所说的科学的思考方法,指的是阐明自然和社会规律的客观的方法。也就是说,排除主观,客观地阐明事物的道理和自然的规律是做学问的关键。这里所说的有用,是指通过做学问取得的成果去发现事实和理解本质,从而能在日常生活中得到应用的情况。如果可能的话,我们更希望其能够从有用走向实用化。福泽谕吉重视法律、经济、政治、医学、工学、农学等与人类生活直接相关的学科,并鼓励人们研究这些学问。他认为,如果将这些学问的成果应用于实际生活中,那么将有助于提高人类的生活水平。福泽谕吉批判了过去日本以儒学和汉学为中心的“虚学”,并且认为,仅仅有助于人的精神形成的学问是无法推动日本经济发展的。

从江户幕府过渡到明治维新政府后,日本结束了闭关锁国的政策,西方文明进入日本。这一时期,相当多的精英领导阶层前往欧美进行考察,他们清楚认识到了日本社会尚未发展这一事实。从而,福泽谕吉重视"实学"的教育思想成为明治政府发展经济的政策,或者说是贯彻近代化路线的方针之一。让福泽谕吉的教育思想真正开花结果的是庆应义塾大学的创立。众所周知,很多庆应毕业生活跃在经济界,这也是"实学"在实践应用中的一个佐证。

"天不造人上之人,亦不造人下之人",福泽谕吉写下了这句名言,他认为理想的教育是,教师和学生之间不一定是上下级关系,二者应该是平等的。也就是说,他鼓励教师和学生的全人格交往,正是这种摒弃教师权威主义的教育思想孕育了私立学校的特色。这一观点与杜威的教育思想一脉相承。

明治政府为了培养有助于"殖产兴业"的人才,创设了旧制高中、帝国大学等官立学校。当时,活跃于这个领域的教育思想家是日本首任文部大臣森有礼。森有礼不仅完善了高等教育,还颁布了《小学行政令》《中学行政令》《师范学校行政令》等,力图完善初等和中等教育。根据明治19年(1886年)颁布的《帝国大学行政令》,明治政府设立了最高学府,但那里的教育带有权威主义色彩,培养作为日本社会领导阶层的官僚也是其主要目的。很显然,庆应义塾大学是与这些官立学校不同的私立学校,其毕业生大多活跃于民间部门,这一点需要记住。

还有一位重要人物是同志社大学的创始人新岛襄。新岛襄对明治政府培养有助于"殖产兴业"的人才的教育方式持批判态度。明治政府的教育方针可以理解为培养"有技艺才能的人物",但新岛襄对此方针并不重视。这与创立庆应义塾的福泽谕吉的教育观有相悖之处。也许是我们的主观臆断,我们认为新岛襄不仅不喜欢官立学校,也不喜欢庆应义塾大学。但不管怎么说,新岛襄的教育思想亦有其独特之处,其认为比起培养技能的"实学",将崇尚自由的观念渗透到人们内心的人格教育是更为理想的教育。

可见,明治时期最有代表性的2位教育家福泽谕吉和新岛襄持有对照鲜明的2种教育思想。

现代经济学是如何评价教育效果的呢?前面已经提到,"经济学之父"亚当·斯密对人通过接受教育来提高劳动能力、提高劳动生产率等并没有寄予很高的期望。后来的经济学,也就是现代经济学,主张教育有助于提高劳动生产率。现代经济学有一个明显的特征,那就是其不仅关注学校的教育效果,还关注从学校毕业后在企业就职或从事个体经营之后的情况,即所谓的一边工作一边提高技能的情况。我们可以将之称为职业培训或者OJT(On the Job Training)。此外,作为学校教育和OJT的统称,人力资本这一用语经常被人们所使用。人力资本这一概念现已成为劳动经济学中的固定概念,我们在后面会对此进行讨论。

首先,让我们来看一下学校教育的效果。在学校教育中,义务教育是首先被关注的。到了6岁,所有的国民都可以进入小学,这是宪法所保障的义务教育。当然,也有不让子女接受义务教育,而对子女进行私人教育的家庭,但这只是个例。并且在日本,父母因过于贫困而不能让子女上小学、中学的例子也极为罕见。

义务教育是什么呢? 日本的义务教育是9年。根据国家的不同,义务教育的年数有很大的不同。大致来说,发达国家的义务教育年数要比发展中国家的长。义务教育的意义才是教育的出发点,以下对此进行探讨。

从大体上来说,人们为了过上正常的生活,需要具备最低限度的素养,如掌握文字的读写、计算的方法、社会的结构、历史、自然的行为等知识,而对这些知识的教授就是义务教育。为了教授所有国民这些知识,政府公共部门使用以税金形式征收来的资金负担义务教育费用,这是符合全体国民意愿的。用经济学的用语来说,义务教育被认为是公共产品。

所有国民都接受义务教育,不仅对其本人的社会生活来说非常重要,对整个社会来说也非常有利。我们尤其不能忘记义务教育对于提高一个国家的经济实力以及生产率所做的贡献。义务教育完善程度越高的国家,或者高等教育越完善的国家,经济就越发达,这在世界上任何一个国家都是显而易见的。可见,教育对生产率的贡献程度是非常高的。那么,这是为什么呢? 笔者认为有以下5个方面的原因。

①人们通过接受教育,有可能把自己的知识与能力转化为资本。可以认为,就像机械这样的资本财为生产做出贡献一样,教育作为资本也为提高生产率做出贡献。

②人们通过接受教育,可以比较容易地学到有效使用工具和生产资源的技术。例如,能熟练地操作机器,能迅速地运用新技术,能快速地做出决策,等等。

③人们通过接受教育,可以学习数学、理科、读写等知识。在进行生产活动时,人们能更容易地理解生产方法,这有助于提高生产率。

④人们通过学习社会规则、历史等,可以了解人类生活应有的形态和作为社会一员需具备的基本素质。例如,通过学习和理解激励、领导力、协调性等的重要性,可以优化生产及经济的运营策略。

⑤由于受教育的人的素质在不断提高,他们变得更容易接受企业培训,企业培训的效果也越来越好。

完成九年义务教育后,人们有就业和升学的选择,但在现代,95%以上的年轻人都会选择升学,即接受中等教育(即高中)。所以,这里的选择不再是重大的问题。在如此高的高中升学率之下,如何保持学力反而成了这个时代的新问题,其依据就是高中的中途退学率不断提高。

中途退学率高的原因之一是大多数高中生都选择了普通科①。学习语文、数学、理科、社会、英语等科目是普通科的教育。对这些科目的学习有利于大学的升学,因为这些科目为大学的应试科目。很多普通科的在校生都希望能考进大学,所以在进入高中的时候优先选择了能学习这些科目的普通科。

但是,很多选择了普通科的高中生在入学后,发现自己对这些科目不感兴趣,或者学习跟不上,因此会选择中途退学。中途退学的学生在退学后即使想找工作,但因为没有技能,也不容易找到工作。还有的人即使从高中的普通科毕业了,但因为在校期间没有好好学习技能,结果也难以顺利就业,他们中的一部分人最终成了自由职业者或啃老族。为了防止普通科高中生中途退学现象的出现,并且为了教授高中生更多的对今后工作有用的技能,笔者认为有必要进一步增加工学科、商学科、信息学科、农业学科等职业高中。

说到中等教育为什么能提高劳动者的能力,我们可以认为其和前面分析的义务教育的情况相同。或者可以说,可以期待比义务教育更好的效果。因此,这里我们不再特意论述中等教育能提高劳动者的能力的原因,而是把研究重点放在以大学为中心的高等教育上。那么,人为什么希望上大学呢?笔者认为有

---

① 日本高中主要有以大学升学为目的的"普通科"、以学习特定领域的专门知识及技术为目的的"职业学科",以及结合"普通科"和"职业学科"的"综合学科"等,具体因校而异。——译者注

以下 5 个方面的原因。

①若是大学毕业的话，则将来会有更好的就业机会。在此需要强调的是，至少在日本，积累了一定能力的人若在大企业工作的话，则有可能通过与高水平的资本、设备等资源的结合实现较高的生产率。

②对医学、药学、法学、工学等专业知识的学习和掌握，是从事医生、药剂师、律师、工程师等高水平工作的必要条件。可以说，如果选择成为专业人士这条道路，那么接受大学教育是不可或缺的条件。艺术、经济、管理等专业领域也是类似的情况。

③由上述①和②可知，上大学可以提高获得高收入的可能性。

④对未知世界充满好奇、想学习新知识等。抱有此类纯粹的学术动机的人也是存在的。

⑤因为大家都进了大学；若是大学毕业的话，那么在今后的社会生活中就不会产生自卑感；可以遇见好的配偶；等等。抱有此类一般动机的人也是存在的。

以上阐述了人人希望上大学的五个方面的原因。当然，这并不意味着接受高等教育就一定能提高劳动者的能力。但是，①和②表明，高等教育有助于提高劳动生产率，而且可以说其效果要比义务教育和中等教育好。经济学将其解释为人力资本理论。

我们在说明义务教育时，明确了人们通过接受教育能提高劳动生产率这一结论。人力资本理论认为，劳动生产率的提高反映在工资上。也就是说，我们可以认为，通过接受教育，劳动者的素质和劳动生产率得以提高，从而可能提高企业的营利能力，进而企业再以高工资的形式回馈劳动者。

人力资本理论认为，当上大学带来的工资上升效果超过教育成本时，人们就会决定上大学。当然，在计算教育成本时不要忘记大学期间所放弃的收入（高中毕业后没有升学，4 年里通过劳动获得的收入）。人力资本理论的思想主要是由美国芝加哥大学的经济学家提出的，其是芝加哥学派的代表思想之一，代表性著作是 Becker（1964）。

人们相信教育能提高劳动者的生产率，从而提高劳动者的赚钱能力，所以人们希望（即需求）接受高等教育。这种观点在美国得到了广泛的支持。并且，也有数据证实了这一观点，即接受过大学教育的人的终身收入高于没有接受过大学教育的人。

关于教育效果，人力资本理论认为其指的是赚钱能力的提升，而筛选假设理论（又称文凭理论）则认为其是被作为企业选拔人才时的信息来使用的。筛选假设理论认为，根据受教育的程度（文凭），可以显示本人潜在能力的信息被传递给企业，企业在人才选拔、晋升时，就会积极地参考这些信息进行决策。这种观点依据的是"信息经济学"，其将教育的作用视为选拔的手段。企业在录用大学应届毕业生时，有时会采取"指定学校制度"，这就是典型的有关筛选假设理论的例子。

在此我们思考一下，教育的本质能用人力资本理论来解释吗？还是说用筛选假设理论来解释更为合理呢？这2种观点虽然都认为教育能提高劳动者的能力，但各自的侧重点不同。人力资本理论的侧重点在于人的能力的提升会直接促进工资的上涨，而筛选假设理论的侧重点在于教育的信息传递功能。前者认为高学历的人一定比低学历的人收入高，但后者并没有主张这一点，其认可高学历的人有可能比低学历的人的收入低。

虽然在日本的劳动经济学家中，有很多人信奉人力资本理论，但我们反而支持筛选假设理论。至少就日本教育的经济效果而言，我们支持筛选假设理论的根据主要有以下几点。

第一，低学历的人比高学历的人的终身收入更高的例子确实不多，但也不是少到可以忽略不计的程度。例如：中小企业的低学历经营者相较于大企业中未得到晋升的高学历工薪阶层，大学毕业后在一流企业工作的人相较于研究生毕业后成为大学教师的人，可以说前者都要比后者的收入更高。①

第二，现实中存在一些企业在招聘时会实行"指定毕业学校制度"。在应聘和晋升时，大学毕业生比高中毕业生更有优势。同为大学毕业生，名牌大学毕业生比非名牌大学毕业生晋升的速度更快等。

第三，也许是日本特有的现象，在人们决定上大学的主要原因中，除毕业后容易获得高收入以外，非货币因素也较多。例如：父母因为经济原因没能上大学，所以期望让孩子上大学；为了能找个好配偶而上大学；因为兄弟姐妹、亲戚、邻居都上了大学，如果自己不去就会觉得没有面子；等等。可见，有很多人上大学的动机与未来的收入无关。

---

① 详见 Tachibanaki(1996)。

关于支持筛选假设理论的强有力的根据,还有一点不能忘记,那就是大学教育在就业、职业的决策方面发挥着很大的作用。想成为医生就必须毕业于医学专业,想成为药剂师就必须毕业于药学专业,想成为法官或律师就必须毕业于法学专业,这几乎是约定俗成的事情。毫不夸张地说,成为技术人员的人大多毕业于工学专业或理学专业。想成为小学、初中、高中的教师的话,那么大学毕业会更加有利。由此可见,大学毕业这一条件扮演着让人们从事特定职业的"敲门砖"的角色,而大学的专业教育发挥着就业决策的筛选功能。

反过来也可以说,大学就读的专业很大程度上决定了一个人未来可从事的职业。公司的工薪阶层和一般的公务员以法学专业、经济学专业、商学专业毕业生为主,他们具体毕业于哪个专业并不那么重要。但是,对于从事医生、法律专家等要求取得资格证书和通过国家考试的职业,以及理科的很多职业的人来说,大学的专业教育发挥了筛选功能。此外,即使是工薪阶层和公务员,大学毕业也更为有利,从这一点来看,也可以说是教育的筛选功能在起作用。

最后,我们对在讨论教育效果时不能忽视的企业培训做一个简要评价。企业培训是人力资本理论范畴中讨论得较多的课题。企业一般会通过各种形式对员工进行培训。在企业内部一边工作一边接受训练的情况下叫作OJT,而走出企业进行学习和研修,或者回到大学进行一段时间的研究的情况叫作off-JT。无论哪一种,都是学生完成学校教育后在企业就职时参加的培训。

这些培训的最大目的是使员工掌握能够顺利完成工作的技能。因此,它有助于提高企业的生产率,其在人力资本理论中被称为企业特殊人力资本。顺便说一下,学校教育中的人力资本积累,并不仅仅对特定的企业有用。在学校中学到的是毕业后对任何企业都有用的技能,所以这也被称为一般人力资本。

企业特殊人力资本和一般人力资本的区别不仅在于谁从中受益,还在于费用由谁承担。因为一般人力资本是在学校教育中积累起来的,所以企业没有承担费用,而是由个人支付教育费,所以可以视其为个人负担。与之不同,企业特殊人力资本通常由企业承担费用,但在接受培训期间也有可能伴随着工资的削减等情况,因此也可以将工资削减的部分视为劳动者负担。因此,关于企业特殊人力资本的费用应由谁来承担,通常很难明确阐述。

关于学习特定企业所需技能的这种人力资本,还存在一个问题,那就是劳动者从该企业辞职的情况。特别是在培训费用由企业承担、劳动者掌握了技能但还没服务于该企业就离职的情况下,企业花费的培训费用就无法得到回报了。劳动者在充分回报企业后再离职的情况还算是好的,更可怕的情况是,劳动者经过培训,使生产率得到提高后,跳槽到同行业的其他公司。

例如,当在A银行接受了企业特殊培训的人跳槽到B银行时,虽然其在A银行学到的技能不会全部在B银行派上用场,但可以预测相当一部分技能是有用的。而且,如果A银行的商业秘密、特殊信息被泄露到B银行的话,那么A银行的损失将会相当大。我们在此想强调的是,虽然不能断言这些机密信息和经营管理经验、技术都是劳动者通过企业特殊培训所获得的,但伴随着跳槽等会使相关信息和技能发生转移的情况的发生,还是有很多值得我们思考的问题。

在研讨教育时,与经济学相比,社会学很少分析教育对工资、收入的影响。被称为教育社会学的学术领域,主要关注以下3个方面的问题:第一,受什么样教育的人,从事什么样的工作;第二,父母的受教育水平、职业及经济状况对孩子的教育达成度有什么样的影响;第三,孩子的学力是如何形成的,这些学力与其今后的人生有什么关系。

如果关注教育与经济学的关系的话,那么笔者认为通过接受教育会选择从事什么样的职业这一话题非常有趣。经济学并不关注教育能产生多少收入上的差异,即其并不聚焦于"教育→职业→收入"这一路径,而是聚焦于"教育→收入"这一直接效果,因此容易忽视介于教育与收入之间的职业这一要素。也就是说,相对于社会学的"教育→职业",经济学的中心课题是"教育→收入"。本来,探究"教育→职业→收入"这一路径也是非常重要的,因此我们期待社会学家和经济学家能够联手共同分析教育、职业、收入三者之间的相互依存关系。

第9章　面向教育改革的未来

本书试从各种角度对教育问题进行了分析。我们虽不是教育学专家，但主要研究领域是经济学，所以能够基于经济学视角来分析教育对职业生涯与收入的影响。在研究教育问题时，对于"人们要想提高自己的精神境界为何必须要接受教育"这个重要的课题，由于我们缺乏哲学方面的基础知识，因此仅停留在了较低的研究水平上。

如果能知道教育的正面利益（或负面影响），比如在完成学校教育后从事何种职业、获得多少收入等，那么就有可能分析为了追求正面利益（或规避负面影响），什么样的人希望接受什么样的教育，即各类人群希望接受教育的程度。有鉴于此，本书具体分析了人们期望接受怎样的教育，如何实现自己所期望的教育，以及可能产生怎样的教育效果等问题。

在分析以上问题时，论点比比皆是。由于笔者能力有限，我们很难在一本书的篇幅内完成对全部课题的分析。因此，我们将分析的主题限定为以下几种，并且采用集中深入的研究方法，着重分析了教育在解决现代日本的社会问题、经济问题方面所发挥的作用等。

这些话题包括：(1)社会贫富格差；(2)部分私立学校（小学、初中、高中、大学等所有学校阶段）人气暴涨；(3)远离理工科；(4)地区问题；(5)不能充分发挥作为社会一员的能力；等等。

在贫富格差不断扩大、阶层固化日益加剧的日本，教育将发挥巨大的作用。为改变上述现象，一个解决方案是建立可以实现"教育机会平等"的教育制度，使每个人都能接受自己所期望的教育。但是，部分私立学校人气暴涨的现象暗示着现实可能正在背道而驰。笔者认为这背后原因可能是公立学校的凋敝。本书尝试对这些内容进行了分析。

如果教育能够在学校得到很好的落实和开展，就不会发生孩子学力低下或者孩子进入社会后不能很好地发挥学识和技能的情况。那么，应该进行怎样的教育呢？关于教师的教学方法、学生的学习方法，以及学校管理和系部设置的方式等，我们期待着教育学专家或者处在教学一线的教师能够进行深入的研究和探讨。在此，我们希望读者能通过本书清楚地认识到教育的效果，从而了解哪些是必须要解决的问题。相信这本书的研究成果可为相关研究者提供有效的参考与借鉴。

在此，我们具体介绍本书阐明的几项研究成果。

第一，学历越高就越容易找到好的工作，并且能获得较高收入，这几乎是在所有国家都能观察到的事实。在日本也是如此，但其程度更深。也就是说，与以前相比，受教育程度高的人所获得的利益在不断增加。而且，名牌大学毕业生获得的利益也在不断增加。这对如何看待学历社会提出了新的问题。

父母收入高，其子女获得高学历的概率就大，这是大多数人都认可的事实。除此之外，本书还有另一个重要的发现，那就是不仅证实了教育作为媒介的间接效应，还证实了子女收入高与父母收入高的直接效应相关。例如，想象一下孩子直接继承父母事业的情况，就容易理解了。这里的间接效应是指"父母收入高→孩子的学历也高"与"孩子的学历高→孩子的收入也高"这2种效应的总和。研究结果显示，这2种效应都很显著。需要再次说明的是，直接效应并未考虑到子女的教育作为媒介的效应。

有一个有趣的事实是，虽然一般而言，父母的富裕程度和学历对子女的收入会有一定的影响，但父亲的学历和母亲的学历的影响程度并不相同。另外，就子女而言，儿子和女儿受到的影响程度也不一样。研究结果显示，就家庭环境而言，父母学历，以及子女性别等因素不同，受到的影响程度也会不同。此外，母亲是否为家庭主妇这一点也会对子女的教育和收入产生影响。

顺便提一下，孩子小学阶段对数学的好感度会影响到其在上大学时的专业选择的倾向，并且对其（尤其是女性）完成教育之后参加工作时的决策也有一定的影响。这一事实和我们在第3章所阐明的观点——在日本，除了医学部毕业生之外，理科毕业生职业生涯并不如意有什么样的关系呢？这为我们将来的研究提供了一个新的论点。

第二，越来越多的父母将孩子送到私立学校就读。一般认为，决定孩子是上公立小学还是私立小学的主要是父母，所以说这是父母决定的事项也没有什么不妥。但是，进入初中阶段，孩子的学力已经开始显现，所以可以认为那些升入知名私立初高中一贯制学校的学生，其目标是考取名牌大学。

虽然实际在私立中小学就读的学生人数并不多，但是为什么希望进入私立中小学的人数增加了呢？主要原因是，他们对公立学校的不满程度越来越高。公立学校被指出存在各种问题，如学生的学力低下、校园霸凌等等。另外，如果在聚集了部分富裕家庭孩子的私立中小学就读的话，就可以接受高质量的教育，而且学校的同学之间可以形成强大的人际关系网等。因此，人们有如此的期待也是很正常的。

这里有一个难题，即：从"教育机会平等"的角度应如何看待上私立学校这件事呢？能把孩子送进私立中小学就读的父母，从学历、职业、收入水平等因素来判断，均属于相当优越的阶层，这一点是显而易见的。那些因公立学校凋敝而想把孩子送进质量较好的私立中小学就读的父母的这种心情是可以理解的。作为父母，自然希望孩子可以接受良好的教育。

但是，如果父母收入很低，就不会让孩子去私立中小学就读了，因为私立学校的学费很高。例如庆应幼稚舍，该私立小学一年的学费在150万日元左右。而且，为了准备入学考试，参加校外补习班等也需要花费相当多的费用。因此，为了那些不能上私立学校的孩子，我们强烈呼吁政府出台一些可以充实、改善公立学校的教育政策。目前，可以实施的方案有增加教育经费、减少各年级的学生人数、增加优质教师人数等。众所周知，日本的公共教育支出额占GDP的比例是OECD（经济合作与发展组织，简称经合组织：Organization for Economic Co-operation and Development）各国中最低的。

还有一个更为严重的问题，那就是是苅谷刚彦所主张的"升学意愿格差"。在处于较低阶层的家庭中，父母和孩子双方都没有强烈的升学意愿，结果往往是孩子只能取得较低的学历。于是，孩子也很难跨越阶层。不过，也有一小部分能力强、有上进心的孩子，即使父母收入不高，且小学、初中、高中都在公立学校学习，最终还是考进了高质量的大学。这在以往是有可能的，但在公立学校凋敝的今天，似乎变得越来越难了。

相反，在处于较高阶层的家庭中，由于父母和孩子都热衷于教育，孩子最终容易获得较高的学历，仍然维持在较高阶层。因此，这些家庭的父母会让孩子上私立中小学，这也是成就孩子的一条途径。

关于解决这个问题的对策，我们只能反复强调前面所说的：首先要充实、改善公立中小学。因为父母收入低，孩子别无选择，只能上公立学校，所以这是率先要实行的政策。如果可以增加教育经费，减少各年级的学生人数，增加优质教师人数等，那么公立学校的教学质量就会提高，也就很有可能帮助学习动力不足的学生提高学习能力。

在此，笔者想切换视角，提出一个有助于解决这些问题的方案。如前所述，日本的学校教育过于重视学生对语文、数学、理科、社会、英语等与大学入学考试直接相关的科目的集中学习,笔者认为这一点需要改变。之所以会集中于上述科目的学习,是因为将考进大学当作教育的最终目标这种社会风气的存在。如果在社会上确立一种观念,即认为上大学并不是唯一的手段,那些通过商业、工业和农业等实业教育获得高技能的人才也能得到重视的话,升学意愿格差问题就可以在很大程度上得到解决。笔者认为可以采取的具体方案是:降低高中普通科教育科目的比重,增加工学科、商学科、信息学科、农业学科等实业学科学生的数量。若这类高中在校生的技能水平能够得到提高,则其就职后的工资水平也会提高,其作为个体经营者成功的概率也会变大。若这种情况得以实现,则不会有过多的孩子以考大学为目标了。在日本18周岁的人口中,已经有一半以上进入大学或大专学习,因此大学生的人数有过剩的倾向。只有让那些为了考大学而苦于学习语文、数学、英语等科目的孩子人数减少,才有可能真正改变升学意愿格差问题。

当然也有人认为,就算进入大学、大专的学生人数超过同龄人口的一半也没有关系,因为提高国民平均教育水平本身就是一件有价值的事情。而且,日本人大多期望进入大学学习。要是能接受这种状况的话,大学教育就有必要像高中阶段一样,即设立能提高学生实际应用能力的学科和专业。

关于希望进入私立学校的人数的增加,第2章分析了早庆两校地位不断上升的原因,主要有:大学入学考试制度的变革、国公立大学和私立大学的学费差距缩小、大学向东京集中的趋势、媒体曝光率高等。

在大学入学考试阶段,高中生之间的学力差异相当明显。因此,像早庆这样的名牌大学,人气不断上涨,生源质量稳步提升是毫无疑问的。无论是公立学校还是私立学校,如果存在公平竞争的氛围,那么从某种意义上来讲,必然会产生名牌学校和非名牌学校之间的差异,因为像中小学义务教育那样的向所有国民提供最基础的教育的目标并不适用于高中,尤其是大学。只是,对于希望进入名门高中、名牌大学的学生来说,重要的是给予他们平等的机会。例如,我们需要避免由父母阶层导致的机会的不平等。

在第3章和第4章中,我们分析了学生在进入大学时的专业选择问题。第3章的分析表明,理科毕业生在职业生涯中,仕途和收入等并不理想。第4章的分析表明,选择理科的学生,其父母多为理科专业出身,其本人对理科科目也比较感兴趣,并且其为自己选择理科专业感到自豪。

然而,他们毕业后的人生轨迹显示,与文科毕业生相比,其在企业和政府机关的晋升方面处于不利地位,收入也普遍较低。另外,非医学专业的理科毕业生与医学专业的理科毕业生相比,收入更是相去甚远。值得注意的是,理科生的收入的方差很低。为什么理科毕业生在企业中境遇不佳呢?虽然他们自己也有一定的责任,但最根本的原因还是日本社会对理科出身的人评价不高。

　　选择理科的人,在数学等方面的学习能力一般都很强,虽然大学里的学习可能有被强迫的成分,但他们还是在努力提高自己的技能和技术。若如此在社会上还是得不到应有的待遇,那么对整个日本社会来说也是不幸的。于自然资源匮乏的日本而言,以制造业为代表的产业是日本的生命线。如果对理工科出身的人不加以重视,不给予更好的待遇,日本经济很可能会越发疲软。日本的高中生已经意识到了理工科毕业生所处的不利地位,因而希望进入理工科的人数不断减少,学力的下降也越发明显。日本现已进入必须进行根本性的政策转变以给予理工科人才更多优待的时代。

　　第三,现在,日本中央和地方之间的格差已成为很大的社会问题。这是必须要解决的问题,并且在教育方面也存在同样的问题。我们在第6章已经讨论过以下情况:很多在地方接受义务教育、中等教育,甚至高等教育的人,毕业后到大都市圈工作和生活,不再回到地方。据统计,有很多人从地方的高中考进大都市圈的大学,毕业后直接留在了大都市圈工作和生活。

　　如果地方的教育支出全部由当地居民的税金来承担的话,那么流动到大都市圈而不再回到地方的人所创造的价值就不能返还给地方了。也就是说,若地方用地方税承担这部分人高中以前的教育费用而得不到回报的话,则这些教育投资于地方而言就是一种浪费,因此地方很可能会不断抑制对教育的投资。而如果由国库全额负担地方的教育支出的话,那么即使受教育者从地方流动到大都市圈,也不会产生以上问题。这是因为,地方的教育支出不是由当地居民,而是由全体国民的税金来承担的。义务教育经费应由国家财政承担还是地方政府承担,抑或是两者共同承担呢?研究表明,教育经费的承担方式是影响中央和地方之间格差的一个主要因素。

　　第四,我们分析了人们对自己所接受的教育的评价。虽然可参考的以往研究较少,但我们有幸得到了一些新的启示。在第7章中,我们对学历的意义进行了详细的研究分析。在第8章中,为了让大家理解和接受教育的意义,我们简单梳理了哲学家、经济学家和社会学家的教育思想。

不知道该说是出乎意料还是理所当然，我们发现日本人认为自己所接受的教育很有意义。学历越高的人对自己所接受的教育的评价就越高，因此可以说大学教育是有其价值的。当然，我们不能忽视的是，担任不同职务的人，对自己所接受的教育的评价也会不同。需要留意的是，关注点不同，得到的评价也会迥然不同。当然，这只是基于自我评价的结果。放眼社会整体来看，又会得出什么样的结论呢？笔者认为基于这一视点的研究也是非常重要的。

令人感到意外的是，在大学毕业生中，名牌大学毕业生对自己所接受教育的效果评价并不高。研究显示，名牌大学毕业生在就业、晋升及收入等方面都具有优势，但他们对自己所接受教育的效果做出了否定的评价。这是为什么呢？有几种假设：第一，他们并没有意识到自己在社会上享受着优待；第二，他们认为自己毕业于名牌大学，理应享受更优厚的待遇；第三，他们认为名牌大学文凭没有起到帮助自己的作用，比如，同样是东京大学的毕业生，获得较高地位的人会享受很好的待遇，而仕途一般的人（甚至说还没有踏上仕途的人）和前者相比，劣势就很明显。这或许是他们高估了自己的实力，又或许是嫉妒所致。

在当今社会，仅靠名牌大学文凭是行不通的。虽说如此，名牌大学文凭还是能够体现出学生努力学习的态度及优秀的学习能力的，名牌大学毕业生在入职阶段无疑更具优势。以前企业在招聘时会实行"指定毕业学校制度"，即应聘者的毕业学校必须在企业指定的学校范围内，现在有很多企业依然保留着这个制度。另外，在政府机关高级职位考试和司法考试中，名牌大学毕业生的合格率也较高。

然而，随着社会经验的积累，如今人们对他人的评价更多地取决于其工作能力和业绩。换言之，即使是名牌大学毕业生，如果不能在工作中取得成绩，那么也只会是个普通人。

最后，让我们来谈一谈教育学和经济学是如何理解和评价教育的。这里的教育并不仅仅指学问等知识方面的教育，其也包括前面提到的实业所必需的技能教育。以杜威为代表的教育哲学家强调了工作、操作的教育意义，庆应义塾大学的创始人福泽谕吉也强调了"实学"的作用。但是，也有很多教育哲学家认为，通过教育，人们可以学到人类正确的生活方式，进而在正义、伦理、协调合作等精神层面得到升华。由此可见，当一个人具备了较高的素养并变得优秀时，他对生产活动也会产生积极影响。因此,基于教育学和经济学的双重视角讨论教育问题是很有意义的。

总而言之,教育在很多领域产生了扭曲。本书重点关注了收入格差扩大导致的教育格差的扩大、公立学校的凋敝和一部分私立学校的兴盛、学生的偏科、学校教育的成果不能在社会生产活动中发挥作用、理工科人气下降,以及中央和地方的格差等问题。如果不能在教育领域针对这些问题进行大刀阔斧的改革,那么日本的未来将不容乐观。

参考文献

日文文献

A.O.ハーシュマン,2005.離脱・発言・忠誠:企業・組織・国家における衰退への反応[M].矢野修一,訳.京都:ミネルヴァ書房.

赤井伸郎,佐藤主光,山下耕治,2003.地方交付税の経済学[M].東京:有斐閣.

赤林英夫,2007.学校選択と教育バウチャー:政策と研究[M]//市村英彦,伊藤秀史,小川一夫,等.現代経済学の潮流2007.東京:東洋経済新報社:189-216.

安部由起子,1997.就職市場における大学の銘柄効果[M]//中馬宏之,駿河輝和.雇用慣行の変化と女性労働.東京:東京大学出版会:151-170.

有田富美子,2002.少子化と女性の就職観:インターネットアンケートを基にして[EB/OL].(2002-08-31)[2023-03-31].https://hermes-ir.lib.hit-u.ac.jp/hermes/ir/re/14526/pie_dp113.pdf.

荒井一博,2002.教育の経済学・入門[M].東京:勁草書房.

荒井一博,2007.学歴社会の法則:教育を経済学から見直す[M].東京:光文社.

荒牧草平,2006.高等教育制度の変容と教育機会の不平等[M]//盛山和夫,原純輔.現代日本社会階層調査研究資料集:1995年SSM調査報告書3　学歴社会と機会格差.東京:日本図書センター:27-44.

今田高俊,2000.社会階層のポストモダン[M].東京:東京大学出版会.

岩瀬彰,2006.「月給百円」サラリーマン:戦前日本の「平和」な生活[M].東京:

講談社.

岩村美智恵,1996.高等教育の私的収益率:教育経済学の展開[J].教育社会学研究(58):5-28.

岩本健良,2006.教育機会の不平等の構造と変動[M]//盛山和夫,原純輔.現代日本社会階層調査研究資料集:1995年SSM調査報告書3　学歴社会と機会格差.東京:日本図書センター:59-72.

うみの海野道郎,2000.公平感と政治意識[M].東京:東京大学出版会.

浦川邦夫,松浦司,2007.格差と階層変動が生活満足度に与える影響[J].生活経済学研究(26):13-30.

浦坂純子,西村和雄,平田純一,等,2002.数学学習と大学教育・所得・昇進:「経済学部出身者の大学教育とキャリア形成に関する実態調査」に基づく実証分析[J].日本経済研究(46):1-22.

大橋勇雄,1995.会社のなかの学歴社会[M]//橘木俊詔,連合総合生活開発研究所.「昇進」の経済学:なにが「出世」を決めるのか.東京:東洋経済新報社:181-203.

小塩隆士,妹尾渉,2005.日本の教育経済学:実証分析の展望と課題[J].経済分析(175):105-139.

片岡栄美,2006.教育達成におけるメリトクラシーの構造と家族の教育戦略[M]//盛山和夫,原純輔.現代日本社会階層調査研究資料集:1995年SSM調査報告書3　学歴社会と機会格差.東京:日本図書センター:171-202.

苅谷剛彦,2001.階層化日本と教育危機:不平等再生産から意欲格差社会へ[M].東京:有信堂高文社.

苅谷剛彦,2004.「学力」の階層差は拡大したか[M]//苅谷剛彦,志水宏吉.学力の社会学:調査が示す学力の変化と学習の課題.東京:岩波書店:127-151.

苅谷剛彦,2005.義務教育費国庫負担金制度と人件費の将来推定[J].総合教育技術(59):93-97.

川北力,2003.図説日本の財政[M].平成15年度版.東京:東洋経済新報社.

川口章,2001.女性のマリッジ・プレミアム:結婚・出産が就業・賃金に与える影響[J].家計経済研究(51):63-71.

川口大司,2006.小学校入学時の月齢が教育・所得に与える影響[EB/OL].

（2006-06-30）[2023-04-03].https://warp.da.ndl.go.jp/info:ndljp/pid/11513838/
www.esri.go.jp/jp/archive/e_dis/e_dis162/e_dis162.pdf.

川口大司,森啓明,2007.誕生日と学業成績・最終学歴[J].日本労働研究雑誌
（49）:29-42.

吉川徹,2006.学歴と格差・不平等:成熟する日本型学歴社会[M].東京:東京
大学出版会.

ゲーリー・S.ベッカー,1976.人的資本:教育を中心とした理論的・経験的分
析[M].2版.佐野陽子,訳.東京:東洋経済新報社.

小池和男,渡辺行郎,1979.学歴社会の虚像[M]東京:東洋経済新報社.

高坂健次,2000.階層社会から新しい市民社会へ[M].東京:東京大学出版会.

近藤博之,2000.戦後日本の教育社会[M].東京:東京大学出版会.

近藤博之,2006.社会移動の制度化と限界[M]//盛山和夫,原純輔.現代日本社
会階層調査研究資料集:1995年SSM調査報告書3　学歴社会と機会格差.
東京:日本図書センター:137-170.

佐々木洋成,2006.教育機会の地域間格差:高度成長期以降の趨勢に関する基
礎的検討[J].教育社会学研究(78):303-320.

貞広斎子,1999.定量的選好モデルを用いた親の学校選択行動分析[J].日本教
育行政学会年報(25):103-116.

佐藤俊樹,2000.不平等社会日本:さよなら総中流[M].東京:中央公論新社.

島一則,1999a.高度成長期以降の学歴・キャリア・所得[J].組織科学(33):
23-32.

島一則,1999b.大学進学行動の経済分析:収益率研究の成果・現状・課題[J].
教育社会学研究(64):101-121.

白波瀬佐和子,2008.ゆれる平等神話:1986—2000[M].東京:日本図書セン
ター.

新藤宗幸,2005.タテの行政系列をどのように認識するか[J].日本教育学年報
（31）:80-89.

盛山和夫,2000.ジェンダー・市場・家族[M].東京:東京大学出版会.

盛山和夫,2008.変動する階層構造:1945—1970[M].東京:日本図書センター.

高木浩子,2004.義務教育費国庫負担制度の歴史と見直しの動き[J].レファ

レンス（54）:7–35.

武内真美子,中谷未里,松繁寿和,2006.学校週5日制導入に伴う補習教育費の変化[J].家計経済研究(69):38–47.

橘木俊詔,1997.昇進のしくみ[M].東京:東洋経済新報社.

橘木俊詔,2004.封印される不平等[M].東京:東洋経済新報社.

橘木俊詔,2006.格差社会:何が問題なのか[M].東京:岩波書店.

橘木俊詔,2008.早稲田と慶応:名門私大の栄光と影[M].東京:講談社.

橘木俊詔,木村匡子,2008.家族の経済学:お金と絆のせめぎあい[M].東京:NTT出版.

橘木俊詔,連合総合生活開発研究所,1995.「昇進」の経済学:なにが「出世」を決めるのか[M].東京:東洋経済新報社.

T.W.シュルツ,1964.教育の経済価値[M].清水義弘,訳.東京:日本経済新聞社.

中央教育審議会,2005.新しい時代の義務教育を創造する:答申[M].東京:中央教育審議会.

中島太郎,1970.戦後日本教育制度成立史[M].東京:岩崎学術出版社.

永瀬伸子,長町恵理子,2002.教育コストの変化と家計構造[J].社会科学研究(53):179–193.

西村和雄,2003.「ゆとり教育」を経済学で評価する[M]//伊藤隆敏,西村和雄.教育改革の経済学.東京:日本経済新聞社:13–27.

野崎祐子,2006.男女間賃金格差の要因分解:学歴別検証[J].生活経済学研究(22/23):151–166.

林宜嗣,1995.地方分権の経済学[M].東京:日本評論社.

原純輔,2000.近代化と社会階層[M].東京:東京大学出版会.

原純輔,2008.広がる中流意識:1971—1985[M].東京:日本図書センター.

樋口美雄,1992.教育を通じた世代間所得移転[J].日本経済研究(22):137–165.

樋口美雄,1994.大学教育と所得分配[M]//石川経夫.日本の所得と富の分配.東京:東京大学出版会:245–278.

福地誠,2006.教育格差絶望社会[M].東京:洋泉社.

ベネッセコーポレーションベネッセ教育総研,2004.学生満足度と大学教育の問題点：全国4年制大学学生調査より［M］.岡山：ベネッセコーポレーションベネッセ教育総研.

ベッカー,1976.人的資本［M］.東京：東洋経済新報社.

本田由紀,2003.若者と仕事：「学校経由の就職」を超えて［M］.東京：東京大学出版会.

本田由紀,2005.子どもというリスク［M］//橘木俊詔.現代女性の労働・結婚・子育て：少子化時代の女性活用政策.京都：ミネルヴァ書房：65-93.

増田晶文,2007.早慶「大学力」を診断する［J］.文芸春秋(85)：184-191.

松浦克己,滋野由紀子,1996.私立校と公立校の選択：塾との関係を考慮した小中学校段階での学校選択［M］//松浦克己,滋野由紀子.女性の就業と富の分配：家計の経済学.東京：日本評論社：61-85.

松浦司,2006.階層・学歴・学力が所得にあたえる影響について［J］.経済論叢(178)：110-129.

松繁寿和,2002.社会科学系大卒者の英語能力と経済的地位［J］.教育社会学研究(71)：111-128.

松繁寿和,2003.格差の始点：小学校での成績とその後のライフコース［EB/OL］.(2003-10-01)［2023-05-21］.https://www.osipp.osaka-u.ac.jp/archives/DP/2003/DP2003J009.pdf.

務台俊介,2004.半世紀を経て繰り返される義務教育財源論［J］.自治研究(80)：80-110.

森剛志,2007.教育格差が資産形成に与える影響［M］//橘木俊詔.日本経済の実証分析.東京：東洋経済新報社.

森剛志,松浦司,2007.開業医の地位継承に関する実証分析［J］.医療経済研究(19)：169-183.

盛田昭夫,1966.学歴無用論［M］.東京：文芸春秋.

文部科学省,2005.義務教育の改革について［J］.文部科学時報(1553)：11-51.

八代尚宏,伊藤由樹子,2003.専門職大学院の経済分析［M］//伊藤隆敏,西村和雄.教育改革の経済学.東京：日本経済新聞社：123-150.

八代尚宏,2007.「健全な市場社会」への戦略［M］.東京：東洋経済新報社.

吉田浩,水落正明,2005.育児資源の利用可能性が出生力および女性の就業に
　与える影響[J].日本経済研究(56):76-95.

英文文献

ANGRIST J D, 1990. Lifetime earnings and the Vietnam era draft lottery:
　evidence from social security administrative records [J]. American economic
　review(80): 313-336.

ANGRIST J D, KRUEGER A B, 1991. Does compulsory school attendanceaffect
　schooling and earnings?[J]. The quarterly journal of economics (106): 979-1014.

ASHENFELTER O, ROUSE C, 1998. Income, schooling, and ability: evidence
　from a new sample of identical twins[J]. The quarterly journal of economics,
　113 (1): 253-284.

BAUER P, RIPHAHN R T, 2006. Timing of school tracking as a determinant of
　intergenerational transmission of education[J]. Economic letters (91): 90-97.

BECKER B S, 1964. Human capital[M]. Chicago: The University of Chicago Press.

CARD D, 1999. The casual effect of education on earnings[M]// ASHENFELTER
　O, CARD D. Handbook of labor economics (vol. 3). Amsterdam: Elsevier
　Science Ltd: 1801-1864.

CARNEIRO P, HECKMAN J J, 2002. The evidence of credit constraints in
　post-secondary schooling[J]. The economic journal (112): 989-1018.

COLEMAN J S, HOFFER T, KILGORE S B, 1982.High school achievement:
　public, catholic, and private schools compared[M]. New York: Basic Books.

CURRIE J, THOMAS D, 1995. Does head start make a difference?[J]. American
　economic review (85): 341-364.

FREEMAN R B, MEDOFF J, 1984. What do unions do?[M]. New York: Basic Books.

GAGNE R, LEGER P T, 2005. Determinants of physician' decisions to specialize
　[J]. Health economics (14): 721-735.

HECKMAN J J, 1995. Lessons from the Bell Curve [J]. Journal of political economy（103）：1091-1120.

HECKMAN J J, KRUEGER A B, 2004. Inequality in America: what role for human capital policies?[M]. Cambridge: The MIT Press.

HERRNSTEIN R, MURRAY C, 1994. The Bell Curve: intelligence and class structure in American life[M]. New York: Free Press.

HIRSCHMAN A O, 1970. Exit, voice, and loyalty: responses to decline in firms, organizations, and states[M]. Cambridge: Harvard University Press.

HOXBY C M, 2000. Does competition among public school benefit students and taxpayer[J]. The American economic review（90）：1209-1238.

HOXBY C M, 2002. Would school choice change the teaching profession?[J]. Journal of human resource（37）：846-891.

HSIAO C, 1986. Analysis of panel data[M]. Cambridge: Cambridge University Press.

LADD H F, 2002. School vouchers: a critical view[J]. Journal of economic perspective（16）：3-24.

MURNANE R, NEWSTEAD S, OLSEN R, 1985. Comparing public and private school: the puzzling role of selectivity bias[J]. Journal of business and economic statistics（3）：23-35.

MURRAY C, 2002. IQ and income inequality in a sample of sibling pairs from advantaged family backgrounds[J]. American economic review（92）：339-343.

NEAL D A, JOHNSON W R, 1996. The role of premarket factors in black-white wage differences[J]. Journal of political economy（104）：865-895.

NECHYBA T J, 2006. Income and peer quality sorting in public and private schools[M]// HANUSHEK H A, WELCH F. Handbook of the economics of education（vol.2）. Amsterdam: Elsevier Science Ltd: 1329-1368.

NICHOLSON S, 2002. Physician specialty choice under uncertainty[J]. Journal of labor economics（20）：816-847.

NICHOLSON S, 2002. Barriers to entering medical specialties[EB/OL].（2003-04-30）[2023-05-11].https://core.ac.uk/reader/6716587.

OHTA S, 2007. Interregional earnings differentials and the effect of hometown on earnings in Japan[J]. ESRI2006 international collaboration projects paper（1）：

69-99.

PAGLIN M, RUFOLO A M, 1990. Heterogeneous human capital, occupation choice, and male-female earning difference [J]. Journal of labor economics (8): 123-144.

SACERDOTE B, 2002. The nature and nurture of economic outcome [J]. American economic review (92): 344-348.

SCHULTZ T W, 1963. The economic value of education [M]. Cambridge: Cambridge University Press.

SPENCE A M, 1974. Market signaling: informational transfer in hiring and related screening process[M]. Cambridge: Harvard University Press.

TACHIBANAKI T, 1988. Education, occupation, hierarchy, and earning [J]. Economics of education review (7): 221-229.

TACHIBANAKI T, 1996. Wage determination and distribution in Japan[M]. New York: Oxford University Press.

WOOLDRIDG J M, 2001. Econometric analysis of cross section and panel data [M]. Cambridge: MIT Press.

后 记

日本战败后,尽管经济和社会濒临崩溃,许多日本国民饱受贫困之苦,但日本仍能在短时间内实现经济的高速增长,使国民过上富裕的生活,这主要归功于日本国民的高教育水平所带来的高质量劳动力和高涨的劳动热情。

上述日本国民的高教育水平有以下2层含义:一是全体国民都具有一定程度的基础学力;二是不少国民具有较高的学识,其在技术、生产和销售等领域表现出较高的劳动生产性。然而最近,国民整体的基础学力亮起了黄灯。从日本经济发展的未来趋势上看,优秀劳动力缺乏的问题令人担忧。

此外,另一个棘手的问题也正在显现。我们可以称这个问题为教育格差,即能够接受良好教育的人和不能够接受良好教育的人之间的格差正在扩大。影响教育格差的主要因素有父母的社会地位和经济状况,以及教育制度本身等,而这些都是通过个人努力无法改变的,而且这些因素的影响将越来越大。正因为"二战"前的日本教育体制也存在同样的弊病,所以一定不能再倒退到那个时代了。

关于这些典型问题,本书具体论述了:(1)公立学校和私立学校的差异;(2)个人天生的能力和兴趣的差异;(3)文科和理科的差异;(4)名校和非名校的差异;(5)中央和地方的差异;(6)由学生向职业人的转变过程;(7)经济学的思想对教育再生的贡献。

关于具体的结论和对策,我们已在各章节进行过详细的论述,这里不再赘述。我们必须正视每个人天生的能力和兴趣等各有不同这一事实。国家有义务让所有国民都具备一定程度的学力和技能,防止其被社会淘汰。在此基础上,政府有必要构建一种制度,让有能力、有意愿的人能够掌握较高的学力和技能,并且充分地在社会上发挥作用。因此,笔者认为国家应该毫不犹豫地利用公费支出办好教育。

当然,教育并不仅仅是为了培养有能力的职业人才而存在的。古今中外的教育哲学告诉我们,培养善良的市民是教育的根本。但是,人们所接受教育的效果对经济的影响也很大。因此,我们期待在确保"教育机会平等"的同时,教育制度能够得到改革和完善。

我们是京都大学的师生二人,因都关注学历格差问题而共同撰写了此书。如果此书能为大家理解经济学对于教育问题的贡献提供一点帮助,那将是莫大的荣幸。最后,要感谢劲草书房的松野菜穗子女士。正因为她为我们提供了很多有益的建议,本书才得以顺利出版。

橘木俊诏　松浦司

2008 年 11 月